培养活泼泼的阅读者

校园阅读的道与术

张圣华 著

图书在版编目（CIP）数据

培养活泼泼的阅读者：校园阅读的道与术/张圣华著. -- 北京：商务印书馆，2025（2025.9 重印）.
ISBN 978-7-100-24840-2

Ⅰ. G252.17
中国国家版本馆 CIP 数据核字第 20251ZC882 号

权利保留，侵权必究。

培养活泼泼的阅读者
校园阅读的道与术
张圣华　著

商　务　印　书　馆　出　版
（北京王府井大街36号　邮政编码100710）
商　务　印　书　馆　发　行
北京盛通印刷股份有限公司印刷
ISBN 978 - 7 - 100 - 24840 - 2

2025 年 4 月第 1 版	开本 850×1168　1/32
2025 年 9 月北京第 5 次印刷	印张 7⅝

定价：45.00 元

目　录

序一　成尚荣：活泼泼阅读主体的咏唱 / i
序二　李镇西：对阅读的正本清源 / v

第一辑　阅读之要机

培养活泼泼的阅读主体 / 3

阅读时，"我"在哪里？ / 9

每有会意，必有所化 / 13

"我有发现"：阅读主体觉醒的标志 / 18

"我有发现"阅读举案
　　——对《东史郎日记》的研读 / 22

关于阅读的糊涂账 / 25

读书的价值再次被擦亮 / 32

把童年储藏起来 / 35

爬坡式阅读：让每一次阅读都成为一次冲击 / 44

读书是引火归元，补正养气 / 46

好风但识读书人

——暑假阅读秘笈 / 48

第二辑　阅读推广之精微

阅读推广须弘毅致远

——对当前阅读推广活动的一些提醒与建议 / 53

阅读升级的几个关口 / 58

"厌读症"之病机分析 / 64

培养健康的阅读观 / 69

我们会学习吗？ / 72

什么是真正的科普状态？ / 86

语文课：我们能否从教材中"突围"？ / 91

推荐图书的正道 / 105

第三辑　经典阅读之痛点

经典被切碎后 / 109

推动阅读经典：粗放"饲养"难保效果 / 115

今天怎样设计"成长书单"？ / 120

凡有所学，皆成性格 / 132

对于先哲，我们有提问的责任 / 138

不准感动 / 140

心灵多久未得补给？ / *142*

经典诵读需要一点技术改造 / *144*

诵读：一条开满鲜花的通道
　　——就"中华经典诗文诵读"对话李振村 / *149*

第四辑　教师阅读之鉴语

空洞是一种危险 / *167*

教育回头看的理由 / *171*

我国中小学教师专业素养阅读大面积空白
　　——规范教师专业素养书架迫在眉睫 / *175*

近代教育：被忽略的黄金地段 / *185*

我们是否抛弃了陶行知？ / *190*

想起了方明老先生 / *194*

仰望与断想：在大师背影之外的地方 / *198*

引进谨防水土不服 / *201*

教育创新先要有新理念
　　——专访顾明远教授 / *204*

附录　让九亿农民捧起书本 / *211*

后记 / *224*

序一

活泼泼阅读主体的咏唱

成尚荣

张圣华先生,是《中国教育报》的常务副总编辑,他又是个学问家,称他为先生,是发自内心的。我视他为良师益友,也是真诚的。

特别喜欢读圣华的文章,他的率性、他的哲思、他的关怀性批判,常常触动我的心。2023年中秋,他游密云水库,写下了诗句:"蓝天问我何方客"——他与蓝天对谈;"夜半忽觉回童乡,村东坡上独放歌"——童年的记忆,让他永存一颗珍贵的童心,养成了他"独放歌"的豪放性情。还喜欢回味我与他的聊天记录。我曾问他:"你的微信名为何叫'无动于衷'?"他说:"无动于衷是修行追求的一种境界,是对接先天的努力。"我深以为这是他修行之高境界,在"无动于衷"中有他

"一骑向前"的气概,有"率性之为道"的格局与格调。

其实,他常常是"有动于衷"的。他冷静地观察世界,触摸时代,思考教育;内心是不平静的,风云激荡,常让他内心澎湃着思想的力量。比如,他观察、思考青少年的阅读,发出了动人心弦的声音:在阅读中"把童年储藏起来";针对厌读症,进行"病机分析";要追求阅读时的"我觉""我思""我爱";要把握"阅读升级的几个关口",为学生的今天与明天"设计几张成长书单"……用他的话来说,"每有会意","必有所化"。这些"声音"似火种,点燃了阅读之火,必成燎原之势。

如今,他将"动于衷"的真切感受、真知灼见,写成一本书《培养活泼泼的阅读者》。这是一本高品质的好书,既表达了圣华的初心,又阐明了阅读的基本问题——阅读主体。这一基本问题恰恰是阅读的根本问题、原则问题。正如书中的第一辑标题所示:阅读之要机。何为"要机"?要机,关键也,机制也;要机即密钥,即"总开关"。圣华追问:"阅读时,我在哪里?"是啊,"我在哪里"都搞不清楚,"我"不见了,"我"不在场了,阅读主体淡出了、消失了,还是真正的阅读吗?即使还有,那是不是一种"阅读空壳"、一种形式而已?让阅读主体回到阅读中来吧,这一主体的"归去来兮"经历的正是阅读过程,这一回归实质是重构,只有重构阅读主体,让学生、让教师真正成为主动的阅读者,阅读才会真正发生。

问题还不能止于此。圣华接着提出另一个问题:阅读主体当是活泼泼的。而"活泼泼的",何以见得?他说重要的是"我有发现"。他还指出,"我有发现——阅读主体觉醒的标志"。我深表赞同。阅读,要从"和高尚的人的对话"中获得思想,增长见识;但绝不应该让自己的头脑只成为别人"思想的跑马场",重要的"要机"在"我发现"——"我见""我思""我觉""我爱"。一如"哥德巴赫猜想",为什么不能有"我的阅读猜想"呢?此猜想是联想,是迁移,是思想的跃升;正是猜想导引了阅读主体去创造。这一"要机"不能忽略,连轻慢都不可以。用圣华的话来说,这是阅读的"突围"。

从确立阅读出发,圣华又从两个角度对阅读主体的落地做了深度阐释:"阅读推广之精微"和"经典阅读之痛点"。"致广大而尽精微"是中华优秀文化中的智慧之道,阅读不能没有"广大"之面,但"广大"又得在"精微"之处深掘。广与精、博与深,让阅读主体更有阅读的张力,更有"闲闲"之大智、"炎炎"之"大言"。而这一切都必须针对存在的问题,消除"痛点",

打通"堵点",唯此,"凡有所学,皆成性格"。当"皆成性格"时,正是阅读主体实现之日,而且是"自成格调"之日。

杜威说:"学会自主阅读。"苏霍姆林斯基说:"书也是学校。"这些都是阅读的鉴语和箴言。突然想起斯坦尼斯拉斯·迪昂在《脑与阅读》中说的话——阅读是可以传递给未来一代代人最卓越的礼物。圣华在书的最后也给教师阅读以寄语。他说,"教师的心灵不能空洞","要寻找回家之路",要开辟阅读的"黄金地带"。他还说,"让九亿农民捧起书本"。动人心魄的话语透射的是"天下大任",而"让九亿农民捧起书本"从哪里开始?从青少年学生成为"活泼泼的阅读者"开始。可见,圣华的这本书有何等的力量。这是个时代命题,是时代使命,我们当扛在肩上。

感谢圣华先生给我们的鉴语,感谢圣华先生给我们指向的阅读开阔地带。在那里,我仿佛看到了一骑绝尘的气象,仿佛听到了"独放歌"的咏唱;那是阅读之歌,是神圣之曲。

2024 年 4 月 20 日

序二

对阅读的正本清源

李镇西

在提倡全民阅读的今天,许多学校都致力于打造"书香校园",与此相类似的,还有"书香家庭""书香社区"等等。越来越多的人开始重视阅读了,这无论如何是一个好现象。

但是,经常参加一些学校读书活动的我,对不少做法总感到有些不对劲。

比如:一堂阅读分享会,弄成小品表演或歌舞演出;让所有学生或老师读同样的书,并且以每天"打卡"的方式督促检查;把所读的书设计成知识竞赛,让参与者抢答;要求阅读者以思维导图的方式展示阅读收获,彼此交流……

为了鼓励师生阅读,学校想方设法地组织一些有关阅读的活动，无可厚非。问题是，阅读应该是一个心灵震撼、思想启发、情感飞扬的精神体验，而这本应是外表宁静而内心激荡的过程，绝不应该是肤浅的热闹。同时，每一个读者的体验绝不可能是一样的，怎么可能整齐划一地被"检阅"？将阅读成果以"知识考试"的方式来"验收"尤其糟糕，本来是以素质教育思想为指导的阅读活动，最后还是走进了应试教育的胡同。

种种"娱乐化""知识化""肢解化""一刀切"的阅读现象说明，尽管对于阅读的重要性，我们似乎已经达成"共识"，但究竟应该怎么读，却还存在许多似是而非的想法和做法。张圣华先生这本《培养活泼泼的阅读者》，正是关于"阅读"的正本清源之作。

张圣华现任《中国教育报》常务副总编辑，博览群书、学识渊博的他曾任《中国教育报·读书周刊》主编。在读本书的过程中，我赞叹圣华独具慧眼，善于从一些司空见惯的"阅读"中发现问题，并表达出他的真知灼见。

比如，许多学校都倡导学生读经典名著，但很少有人思考过——所有经典都适合孩子读吗？张圣华直言不讳地说："对孩子来说，某些经典可能有毒。四大名著哪一本书适合未成年人读？《西游记》是勉强能给孩子看的一本书，其实它的内容背后有一个非常复杂、严谨的宗教体系，孩子们是很难读懂的。好在里面有很多故事，可以改造一下给孩子读。《红楼梦》不适合小孩读，甚至也不适合青春期的人读。我 17 岁读《红楼梦》，读完了一星期不高兴，特别伤感，走不出来，有比较深的消极影响。再说《水浒传》，'少不读水浒'，也不适合小孩子。里面的暴力美学很容易感染小孩子去试试。《三国演义》呢？里面有勇的化身、义的化身、智的化身、德的化身，不是挺好吗？但孩子们会看到，里面有太多的阴谋、复杂的关系，其中也不乏阴暗。开头结尾，表达的情绪其实也非常消极。"(《关于阅读的糊涂账》)

他这样说并不是否认四大名著的经典性，而是想提醒人们，倡导读书没错，但具体的人该读什么书当因人而异。用我这个四川人的比喻来说就是，火锅好吃，但如果谁要给婴儿吃火锅，那他就是存心害人。

针对某些仅仅是为了"嘚瑟"而读书的"读书人"，圣华借用宋代程颢的话提醒大家要警惕阅读的"玩物丧志"。他说："游离于道外的读书，就是显摆一下记忆力好、博学，这就是玩物丧志；……人一辈子读过很多书，也悄悄化解了自己内心的诸多纠缠、矛盾、疙瘩，达到仁和畅达的状态。每个人都要安顿好自己的

心灵,读书,与智者对话,这本身是个求道的过程。"(《阅读升级的几个关口》)

为读书而读书,为考试而读书,为炫耀"博学"而读书……就叫"玩物丧志"。读书,应该是与心灵相关,与生活相联,与人生相接,与天地相融。

张圣华还提出"以阅读的方式储藏童年"。他说:"如果孩子们没有精彩的童书,谁陪他们度过黑夜、孤独和说不明白的焦虑?最能理解孩子、最能与孩子沟通的,还是童书。如果说某些经典童话过时了,孩子们真的不喜欢了,意味着现实世界的孩子正在接受'现代污染',正在被变得功利、世故,变得不会感动——难道这不正是一种灾难吗?"(《把童年储藏起来》)

更可怕的是,许多教育者并没有意识到这种"灾难"的发生,他们用成人的语言、思维和习惯"教育"着孩子,让孩子在小小年纪便学会了讲大话、套话,他们的演讲和作文,充斥着空洞乏味的"宏大词汇",于是越来越多的孩子失去了童年的纯净、稚气、清新、梦幻,或者说,童年正在被"成人世界"污染甚至侵吞。张圣华提出的"以阅读的方式储藏童年",极有见地。

关于给孩子们开"成长书单",张圣华也有自己的看法:"'成长书单'应是随着成长过程而逐渐建立起来的，老师和专家的推荐只在其中起了部分作用。有时，同学之间的推荐会比老师和家长的推荐更有效。实际上，每个学生的'成长书单'归根结底是他自己最后选定的。它应该体现出孩子们成长的精神历程。"（《今天怎样设计"成长书单"？》）

的确，读书是很个性化的事。这里的"个性化"还不仅仅是指不同的读者有不同的阅读习惯，还包括不同年龄段的孩子有与之相应的阅读需要和趣味。当然会有一些经典是超越人群和年龄的，所以有些"共读"也是必要的；但如果因此忽略了每一个孩子的独特口味而强行"吃大锅饭"，效果只能适得其反。现在不少孩子之所以反感阅读，许多所谓"成长书单"应该说"功不可没"。

如何进行有效的阅读引导？如何培养真正的读书人？张圣华近年一直在推广他的一个主张：唤醒阅读主体。只有唤醒阅读者的主体角色，进入"我觉故我在，我思故我在，我爱故我在"的"我"的发育状态，阅读才成为阅读者的主动需求，成为塑造自我体系的有效积累的过程。这一点其实不难理解，读者心里有了强烈的探究欲望的时候，也就是阅读主体觉醒的时候，阅读就成了一种满足自我探究需求的必需。所以，从提高阅读兴趣入手来引导阅读，率先培养阅读者与书的亲密关系，帮助阅读主体的发育，这才是培养读书人的正道。

以上我仅仅是举了几个例子说明张圣华先生富有针对性和建设性的阅读思考，而他的思考远不止上面这些。本书呈现了张圣华先生关于阅读的一系列独到见解，有他对一些阅读现象的观察与批评，有他对如何阅读的思考与建议，有他自己阅读的感悟与收获，还有他与名家围绕阅读的对话与交流。

相比过去除了教科书外几乎不读其他书的状况，现在越来越多的教师重视读书，并积极引导学生读书，这是一个了不起的进步。但是，究竟应该如何阅读？特别是如何防止"虚假阅读""无效阅读"甚至"有害阅读"？读了张圣华先生这本书，或许读者会获得一些有益的启示。

2023 年 12 月 30 日

第一辑　阅读之要机

【按语】

　　先澄清一个概念,这里的"阅读"是指深度阅读,浅阅读、碎片化阅读、娱乐等消费式阅读、被推送的阅读等不在本书讨论之列。本辑旨在讨论阅读本体范畴的相关话题,读起来稍微有点绕,但事关阅读的基本问题,还是弄明白的好。欢迎讨论、批评。

培养活泼泼的阅读主体

我们今天谈读书,很难听到一句新鲜话语。推广读书这件事,我们不能仅限于高大上的说辞,要常谈常新。我们每次在谈读书的时候,一定要有一点儿小清新,要有一点儿新感觉。耳提面命式的、强迫式的读书推广可能无法长久,孩子们总是会抵触陈旧说辞。所以,我们有必要创设一套孩子们容易接受的阅读推广的话语体系。关键是要调频精确,在自然界同频才能共振,如果我们没有调到孩子们可以接受的频道,你说啥他们也听不进去。读书更是这样。

现在尽管我们的推广力度很大,但学生读书状况依然难以令人满意,依然有学生未养成良好的读书习惯,读书也并未成为他们生命之必需,孩子与书之间没有形成"相见两不厌"的亲密关系。目前一些推动读书的粗糙行为,很可能是造成一些孩子不爱读书的重要原因。

全民读书的深层逻辑正在初建，要使之形成底层逻辑，并最终变成全民自觉行为，需要有一个过程。很多校园里的读书逻辑未必已建起来。一些校园里真正运转的逻辑不见得能够支撑读书氛围的形成。有的学生似乎热热闹闹地读了很多书，却成不了读书人，一个基本的标志就是他们没有养成阅读习惯，阅读没有成为他们的自觉行为。这本质上是作为阅读者的主体没有真正被唤醒。如果阅读不是一个主动行为，而是被逼着读的，要应付考试才读的，为完成老师的作业才读的，那么这些都会压抑阅读主体的觉醒。尤其个别学校奇葩的阅读测试，或许会让有的学生这一辈子对读书这件事倒了胃口。

阅读主体的觉醒是有标志的，这些标志就展现了读书的本质。

第一，读书是个由静而动的过程，心浮气躁是不行的，必须静下来才能读书。而读起来、读进去以后会达到一个内动状态，这个内动极为重要。其实我们让孩子们读书就是要追求这个内动，这里的"动"不是说平常的胡思乱想，它是阅读者被唤醒的标志，是一种觉的苏醒，有觉便是新生。人与动物的一个重要区别就是觉的无限性、极度的丰富性。人对生命的体验是个开发的过程，随着生命的渐次打开，内心之觉或豁然开朗，或细腻纤美，或荡气回肠，或婉约万千，等等。这个"觉"实际上是一个生命触摸的过程，是触摸生命的新鲜感、陌生感。所以，好书有一个前提，一定让人有陌生感、新鲜感。觉，意味着生命触摸到的地方，意味着生命所达到的疆域。我们称这种"觉"为诗性的状态，是阅读好作品应该达到的理想效果，其本质是阅读主体的觉醒和发育，是"我觉故我在"。当然这个"觉"有时候是无法言说的，它是一种好奇心的释放。因为阅读者感觉到了新鲜的东西，走进了一个陌生的境界。"我"觉了，故"我"得到了新生。

第二，人是需要搞思想建设的，也是需要构建自己的方法系统的，每个人都需要。世界每天都在变，生存的门槛越来越高，每个人必须与时俱进，用构建丰富的思想和方法系统来应对越来越复杂的人生挑战。人类通过阅读来构建这些复杂系统是最有效的路径，所谓读书增识、读书启智。一个人如果没有建成属于自己的人生参照，处理复杂事务时就没有坐标，失误的风险是很高的。我在小时候有些事不愿问家长，也不愿问老师，就经常参照小兵张嘎的行事方式，有事就看看张嘎是怎么办的。我们长期读书就是为了形成这个方法系统。后来学识人，我就反复读《三国演义》，来分辨周围人之优劣。这实际上是在启动思考，逐渐构建自己的思想体系、方法系统。这是一个漫长的过程，是不断修正的过程。我们称这一阅读过程为"我思故我在"，是阅读主体被唤醒并逐渐强大的重要标志。

第三，通过阅读来培育人之常情。青少年心理健康问题必须受到重视。不少人都快 30 岁了，还不懂人之常情。想想这也符合逻辑，因为他们缺少人之常情养成的机会。家长们很明确地规定了孩子受教育的目的就是考大学，"孩子，别的你不用管，不要被干扰，只管考大学"。孩子们被各种包裹，被遮蔽得严严实实，根本没有时间去发育情感，更没有机会培育人之常情。我们也经常见到，一些成年人连基本的社会礼仪都不懂。人之常情的构建既需要孩子们深度介入社会生活，又同样需要他们通过阅读，以吸纳智者对人生的感悟，从而发育自己的生命情感体系。经典的文学作品都有细腻的情感展开，阅读这些经典就可以感受其中的感情脉搏，就可以浸于书中的人情河流，并从中学会辨别方向、分清是非、拿捏分寸。除了培育人之常情，还要通过阅读来消除心魔，来克己修行；在书中找到自己的精神"偶像"，自觉比对，克己之短，向先贤看齐。人之常情包括友情、亲情、爱情等，这些情感的发育需要有一套体系做参照，否则会发育不良，或会野蛮成长。野蛮成长也可怕，比如有些青年采取过激的方式甚至伤害他人的方式追求他们心中所谓的爱情，这是情感不健康的表现。我们把通过阅读让情感健康发育的过程称为"我爱故我在"。其实所谓的人之常情的发育过程，就是唤醒自己的责任、培育善良和友爱的过程。人能够打开心扉来向社会释放爱，这是构建其人之常情的基础，人之常情的背后其实就是善良和爱。这一点也是阅读主体觉醒的重要标志。

以上就是阅读主体被唤醒的三个基础性标志："我觉故我在""我思故我在""我爱故我在"。这三点其实就是通过阅读来寻找自我、唤醒自我、发现自我的过程。了解自己并不容易，有人到了老年也未必能够说清自己，不知道自己是谁，对自己很缺乏了解。了解和认识自己也是一个复杂艰难的过程，需要很细腻地琢与磨，需要一个由无数台阶和层级构成的参照体系来映照。"噢！原来这是我不行的，这是我行的，这是我喜欢的，这是我不喜欢的"，这是一点点"磨"出来的，认识自己本就很难。通过读书非常细腻地摸清楚自己是谁，这就是一个了解自己、开发自己的过程，又是一个打开生命、深耕生命的过程,这也是阅读的本质。

生命是有限的,但是因为阅读中的我觉、我思、我爱,阅读主体是活泼泼的,所以阅读让生命的可能性变得无限。作为阅读推广人,心里要有一杆秤,不要脱离阅读的根本。没有唤醒阅读主体,就没有有效的阅读,就没有主体的建设,也就没有全身心投入的阅读。尝不到读书的甜头,感受不到阅读的魅力,就不会有真正的读书人。

阅读时,"我"在哪里?

阅读时,"我"在哪里?读"书",有书即可,何必有"我"?

事情可没有这么单纯。笔者一直强调"激活阅读主体",强调"得鱼而忘筌",是针对整个阅读过程而言。具体到阅读一本书的时候,确有一个"我"在哪里的问题。

阅读时"我"在哪里,要从阅读规律中去找寻答案。

阅读的第一阶段应是忘我的状态,是书的信息被吞入的过程。即彻底打开自己,以忘我的静观状态全神倾注书中,读懂文本,弄清本意,触摸书的灵魂,感受其魅力,以达成与书的共鸣。此时,读者与作者其实有一种隐形合作——阅读时,读者与书的共鸣本质是读者与作者息息相通,不仅领会作者要表达的精神,还会补齐作品中的留白,甚至还会拓展出作者想不到的意境,这本身是又一度创作。此时,尽管状态是忘我的,但

"我"是存在的,只是在"潜龙勿用"的状态。在阅读时,"我"的前期知识和经验储备在起作用,"一千个读者就有一千个哈姆雷特",根源在此。这也是读懂文本的基础。对于阅读经典来说,这只是阅读的初级阶段,尚属浅阅读。这一阶段要完成基本的信息纳入。

第二阶段是在前期阅读的基础上细嚼慢咽,其任务就是反刍咀嚼,属于深阅读。读者对书的前后内容进行联系、比对,作纵深分析,归纳总结,掰开了揉碎了进行玩味。此时,"我"必须深度介入。这个阶段被很多读者忽略,并没有展开,以为阅读已经结束了,何必再去费劲琢磨。这一阶段,"我"要对书里的内容进行分析、判断,对书里的诸多问题得出自己的结论,神会作者用心之处,到达会意之境,同时也是打开眼界、自我开悟的过程。

东晋十六国时期,不识字的石勒却酷爱史书,就让人读给他听,这也是一种阅读:"石勒不知书,使人读汉书。"(《世说新语·识鉴第七》)石勒听史书,并对其中的关键人物和事件作出分析判断,这对他判断时局、分析重大节点问题,是个很好的训练和参照——这其实是一种深度阅读的状态。作为一介"文盲"的羯族人,他能在中国北方一度成势,应与此有关。

按说，这一阶段便是阅读一本书的终结。而事实上，书的内容已经植入读者记忆，这种记忆，包括阅读体验，会不断在脑海中闪现，还会不时对接现实。"我"、书与现实的融合发酵，酿成一种独特的营养，被"我"吸收。这是个漫长的过程——阅读还在以隐形的方式进行，这就是第三阶段：生成精微，化而为"我"，是对书的深度消化。

在这个过程中，阅读者逐渐摆脱对书的有形内容的依赖，却又吸纳了书的灵魂，有些信息或许忘却，精华部分却已成为"我"的一部分：得其精而忘其粗，得其神而忘其形。再加上"我"对书的个性化体验、理解，并结合现实的这一过程，本质上是"我"的自觉改造过程。在不知不觉间，"我"已非读前之"我"，而是一个新的自我。这要求阅读主体（"我"）须有可容之胸怀，有强大的消化和吸收能力，才能把书中精华拿来化"我"。练武者练到一定程度，会功夫上身，这就是化我的过程，用的时候不须考虑，自然施展。真正读透一书，必有化我之功。

所谓"化我"，其实是阅读主体达到被书高度激活的境界。毛泽东同志博览群书，对书中事并不人云亦云，而是"我"说了算，对历史人物和大事都作出自己的判断，他反复批阅"二十四史"就是明证。拿破仑之所以成为拿破仑，也因所览群书皆为"我"用，"我"是书的主人。从另一个角度而言，读书读到佳处，读者的思维或情感被高强度激活。没有被激活是失败的阅读，或书不好，或人不对劲。然而历史和现实中博览群书者也有"不了了"者，对书的生吞活剥或被书覆盖，则会成为孔乙己这类人。阅读的过程是生成新问题、链接其他问题，并找寻答案的过程；也是修正自我、观照万物的过程。这一过程若浅尝辄止则无"化我"的完成。

这三个阶段也可视为三个层次、三种状态。高明的阅读者也可能同步进行，一举达成。

读好书如同与高人交谈，常有醍醐灌顶之感。"腹有诗书气自华"，书可化气；书可育人，书可安心；"读书多了，容颜自然改变"（三毛语），读书可美容；读书可启智增知；读书可打开生命、拓宽心胸、开阔视野……读书之义博矣，但万变不离其宗，最终的沉淀都是人的变化——使"我"更加丰满，即阅读主体的系统性强大。

每有会意，必有所化

先借个故事说话：伯乐向秦穆公推荐九方皋相马，说自己比他差远了。结果，九方皋似乎弄不清牝牡骊黄，穆公不悦而诘问伯乐。伯乐说："若皋之所观，天机也。得其精而忘其粗，在其内而忘其外。见其所见，不见其所不见；视其所视，而遗其所不视。"（典出《列子·说符》）

这个事是否真有，并不重要。其所说的道理却一直存在，但并不被广泛理解和重视。这个道理很重要。

每次读到这则故事，笔者都会想起陶渊明的话："好读书，不求甚解；每有会意，便欣然忘食。"

"不求甚解"的事，能令人"好"之吗？能！

因为紧盯着天机，天机触动人心。

天机之外，皆"其粗""其外"，故"不见""不视"，不必求其甚解。

九方皋对马之天机外的牝牡骊黄，根本提不起兴趣，甚至懒得去看、去说、去用心，一不小心反而说错了。因为这是多数人都知道的知识和信息罢了。当然，九方皋不辨牝牡骊黄确该受批评，作为一名相马高手，基础知识不扎实，说起来不太好听，影响也不好。但能够见马之天机的天才，世上能有几人？千里马常有，伯乐不常有啊，何必苛求九方皋们呢？

读书正如相马。

好书也有其内在天机，不然不成其为好书。经典就更不用说了。古人有"发愤著书""不平则鸣"之说，一部好书必是作者以苦难化成，源自灵魂、发自肺腑，其天机必是感天动地、撼动心灵。读书不求其天机，只是记诵些许知识或故事，而无动于衷，实未读到精髓。即使在牝牡骊黄上再用功、再求甚解，也只是绕书而观的吃瓜者而已。

怎样才算求得一书之"天机"？

会意是其法门。

读到动心，读到忘我，读到"忘食"，便是会意。此时，读者与作者开始一对一交心，读者已有的知识和经验积累被激活，而且又有新的拓展；好书其妙在何处，如宝马其宝在何处，读者已心领神会。陶渊明

"欣然忘食",因有所会意;高凤流麦,昭梿迷《说文》而致燃帐,便是深入会意之境;苏东坡再三抄写《汉书》,随便指一字便可诵出原文,抄之有瘾,深度体会到了该书的魅力,深尝《汉书》会意之妙,窥见《汉书》之天机,做了班固的知音。

读懂一本好书,眼界瞬间被打开,因此挖掘、化出了一个新我。此时,读者被感染、触动、启发,其实读者之我已非旧有之我。"心外无物",心的变化才是一个人最本质的变化。真正读书的人,每有所读必有所"化",每读一本好书,都会"化"一个新的自我,可谓蒸蒸日上、天天向上。

"知道了"与"会意"非同一层次。并非知道的知识多就自然可以到达会意的层次,如读《红楼梦》,即使了解了诸多《红楼梦》的知识,背诵了里面的篇章,也未必抵达会意《红楼梦》的境界。一个真正读懂《红楼梦》的人,读后与读前已非一人。读所有的经典,又何尝不是如此?

会意并不意味着掌握了标准答案,而恰恰是读者的个体感受;会意之境需要感悟,并非被直接告知的。所以,对读一本好书,教师讲半天,也不足以代替学生独立的感悟。

没有会意便不会有"好读书",便尝不到读书的甜头,读书就是件味同嚼蜡的事。学生不达会意之境,就无法致"化"的效果,就不会有人的变化。人之格调的升级变化才是读书的根本目的,此为"鱼",其余皆为"筌"。

当然,会意也有不同的境界。比如看《西游记》,小学时候读,读不懂的就跳过去,但不影响被情节吸引,尤其被孙悟空和猪八戒的趣事所迷,这也是一个层次的会意;到了大学再读,同样有读不懂的部分,但会意之处会更深更丰富;人到中年再读,定然会有新发现,依然会慨叹其天机精妙。不同境界的人,对同一部书的会意境界自然也不同。经典常读常新,值得反复读。伟人说读《红楼梦》三遍才有发言权,也只不过是发言权,不意味着读三遍就读透了。会意与尽意毕竟还不是一回事。建议人到中年再读一遍少时读过的经典,会有意想不到的收获。

作为阅读引导者,能否引导学生进入会意,乃是否成功引导的关键。引导者要界定好自己的角色,少做"告知"的蠢事,戒越俎代庖,更不要把自己的会意强加于学生,动辄推出"标准答案"是阅读引导的大忌;要精心设计有启发价值的问题,点到为止。把阅读课和语文课分开，各司其职；学生能够自己做的事，包括生字生词，都要学生自己解决。最好是鼓励学生把自己的会意之处表达出来，这很重要。毕竟天机难得。

　　培养一个读书人并非易事。除了个别天生的阅读障碍者外，还有很多成年人"怕字"，一看字就觉得累，把读书当安眠药。我们总要从中找出点儿教训、寻出个解决办法来：让孩子们从亲近文字、亲近故事开始，让孩子们尝到读书会意的甜头，从而建立起与书的亲密关系。养成了读书习惯，就离不开书了，也就逐渐成了读书人。

"我有发现"：阅读主体觉醒的标志

在阅读指导实践中，大多情况下，书目是指定的，有老师和同学共同研读的语境，还有标准化的阅读测试题目，这一切都说明，我们在为培养阅读者而努力着。此规模之大，可谓世界唯一、历史第一，这说明我们的社会在进步，国家希望有更多的读书人。历史上，读书可曾只是少数人的福分。我们主观努力的兑现概率有多大呢？有哪些阅读是有效阅读？我们最终能培养多少真正的阅读者呢？我们有必要保持一种警惕：这个过程中，孩子们如果只是被动地跟着，随波逐流，无论最后的测试能得多高的分数，都未必是有效阅读，没有足够的有效阅读积累，就很难成为真正的读书人。

有效阅读一定是在阅读主体觉醒的状态下实现的。这种觉醒的标志是什么？

抵达会意之境，是阅读主体进入觉醒状态的重要标志。在阅读一本书以前，阅读者都有一定的储备，如情感、知识、经验、思想等，阅读者是带着这些储备介入一本书的。一本好书，一定会有阅读者的储备里所没有的好东西，这是一本书的价值的基本体现。如果在阅读时捕捉到了这些好东西，即算有效的阅读。这种"捕捉到了"的状态，即"会意"之境，是主体觉醒状态下所达成的阅读效果。陶渊明说"每有会意，便欣然忘食"，说明"会意"时，读者已深陷书内，成为书中情感或故事、逻辑发展的追踪者、窥探者，收获了感动、兴奋或启发，也满足了好奇心，其本质是阅读主体在知识和经验、思想和情感上得到了延展，实现了阅读者的成长。值得一提的是，这一过程有个暗线：阅读达到会意之境的过程，是阅读者的情感、知识、经验、思想等已有储备被激活的过程。如果储备不足，就无法进入会意之境。简单说，就是水平低则读不懂，主体无法活跃。读书要循序渐进，就是这个道理。

"我有发现"是阅读主体被激活的更高级标志。这个"发现"不仅指阅读时在书中发现的不合之处或作者无意表达出的"天机"，更重要的是，阅读过一本好书后，主体视界大开，用与过去"旧我"不一样的格局和方法观照事物，从而发现现实问题的答案或新的问题。

比如读完《红楼梦》，会对情感问题有新的领悟，或以此为参照来分析自己的情感，衡量人群的情感关系。

"我有发现"的本质是"我"的变化，是阅读主体在进行新的思想建设。试想，读过大量的好书后，阅读者重构了自己的情感和思想，重塑了阅读主体，更新了储备，迈上了新的阅读台阶，有了新的阅读诉求，更关键的是世界因此而发生了"变化"。所谓成功培养一个真正的读书人，其中要义就是"他"能够有持续的阅读需求。

用最简单的话来概括阅读的目的：丰富阅读主体，解决所临问题。培养一个真正的阅读者，其有效途径就是不断唤醒阅读主体，持续积累，使之更饱满，有更高格调，更有改造自我和世界的能力。

"我有发现"是阅读主体高度活跃才会有的境界。

阅读主体其实是一个复杂系统，所谓培养读书人即是帮助阅读者建构这个系统，而其建构的前提是阅读主体自主性的确立。当自主性启动，整个阅读过程是一个系统性运转的过程，充满了鉴别、发现、纳入的魅力。既然这是前提，就是原则，不要轻易逾越：作为阅读指导者最忌讳越界，或越俎代庖，或强制喂食，这些都是对自主性的抑制；自主性没有启动，阅读主体就拿不到进入书中的门票，只是个旁观者而已，建构系统云云就无从谈起。可现实中，这样的情况并不少见，我们要防止在轰轰烈烈的读书活动里，有大量的阅读者并没有真正"下水"，甚至连鞋子都没湿——阅读主体没有觉醒，很可能只是个"撞钟的和尚"。

一本好书一定自带有激活阅读主体的魅力。阅读指导者最重要的价值是"恰当的工具"，即在阅读者遇到"陡坡"时，提供攀爬工具；遭遇"铜墙铁壁"时，提供"斧凿火药"。须谨记，不要替代他爬坡穿墙，少做"告知答案"的事。

阅读主体不断被唤醒，常有发现，长期积累，即可确立阅读习惯、阅读功力、阅读品位等阅读要素，或许我们就可庆贺了——终于有了一位合格的读书人。

"我有发现"阅读举案
——对《东史郎日记》的研读

1999年,东史郎以80多岁高龄来到中国,引起舆论高度关注。中央电视台《焦点访谈》栏目为此做了专题节目。同期,《东史郎日记》在中国出版。笔者是较早得到该书的,出版社第一时间给我寄了书。我立刻开始阅读,我必须在到南京采访东史郎之前读完此书。

我一直主张阅读者要保持主体意识的觉醒,自己是带着对抗日战争和对日本历史多年研究的背景来研读此书的,重点是想弄明白:作为一个日本人如何解读日本侵华战争?日本发动侵华战争的民间基础是什么?理论依据是什么?日本又是如何动员的?

《东史郎日记》令我震撼,整个阅读过程极为痛苦,尤其在比照现实时更加难过。最令人震惊的是,当时日本人普遍认为侵华是正义的战争,他们用"正义""爱国""勇敢""牺牲"等词汇来装饰他们的杀戮。日本的思想家为征服中国精心设计了系统逻辑，进行了几十年的思想准备，都被日本举国接受。可以说，日本在甲午海战后就开始一刻不停地筹备侵华。

作为一名沾满中国人鲜血的杀戮者和今天的忏悔者，当着中国人，尤其是年轻大学生们的面，东史郎又会如何言说呢？中国的年轻人又会有什么反应呢？笔者在南京一直现场跟踪东史郎的社会活动。那几天的经历与《东史郎日记》里的内容相互映照，又一次给我极大震撼。

在东史郎离开南京的前一天晚上，我有机会与他共进晚餐，并与他进行了交谈，这让我又有了新的发现和感慨，也算是《东史郎日记》的阅读延伸吧。

以上这些感受都写在《东史郎离华有四月……》（《中国教育报》1999年8月15日第5版）这篇文章里。之所以四个月后才发表，是因为回京后反复阅读《东史郎日记》，查阅了大量资料，数易其稿。标题是借用鲁迅先生《为了忘却的记念》里的话——"忘却的救主大概快要降临了吧"的句式，以提醒读者，这四个月后，大概很多人已经忘却东史郎了；更担心抗日战争也会渐渐淡出人们的记忆。

这篇文章发表后影响较大,被《中华读书报》以《记住东史郎》为题全文转载。

《东史郎离华有四月……》是我执行"阅读者要保持主体觉醒"理念的一个典型,阅读者要有发现,要在阅读基础上进行思想建设,以对历史和现实问题作出判断。我作为一名阅读者,整个过程就是这样做的。

关于阅读的糊涂账

玄之又玄,行而不远。

关于阅读和阅读推广,有不少糊涂账。

在阅读推广中我们容易犯一些常识性错误。例如,我们推广读书,常常把读书说得比天还大。我叫作"读书玄圣化"。就像古人说的,"万般皆下品,唯有读书高"。大家想一想,在"唯有读书高"的时代,那些读书人的命运是怎样的呢?"百无一用是书生",傻读书是没用的,读书也并不完全指向成功,所以我们要重新看待读书这件事,始终保持理性,让孩子们从一开始就用理性态度对待读书。

另外一个极端是读书庸俗化,书中自有黄金屋,书中自有颜如玉,又是钱又是美女,读书是一件多么美好的事啊。家长跟孩子说,读好书才能写好作文考好试,这些都是功利主义。越功利,越走不远。

有没有比读书更重要的事情？当然有。作为一个阅读推广者，本应该高树阅读的旗帜，但确实有比读书更重要的事情，比如体育、劳动。我非常赞同推广校园足球。每一个球必须从对方脚下夺下来，你得到的每一个球，不能让对方抢走，那是在考验你的耐性、功力和协作能力。来来回回踢了两个小时可能都没进一个球，但大家没有厌倦，依然奋力拼搏。这就是足球，这最像人生。这不是读书可以获得的。

我并不是说用体育、用劳动去代替读书。读书当然不可替代，但是我们在做阅读推广的时候，不能把它玄圣化，玄圣化会让读书这件事走不远。我们要用理性的光芒来照耀它，把追求智慧、涵养性情、丰满人格作为读书之本分，不约略，也不夸大。

一直以来，阅读经典也是一笔糊涂账。很多人倡导从经典读起，经典是人类智慧的结晶，对不对呢？对，但一定要具体问题具体分析。对孩子来说，某些经典可能有毒。

四大名著哪一本书适合未成年人读？《西游记》是勉强能给孩子看的一本书，其实它的内容背后有一个非常复杂、严谨的宗教体系，孩子们是很难读懂的。好在里面有很多故事，可以改造一下给孩子读。《红楼梦》

不适合小孩读，甚至也不适合青春期的人读。我17岁读《红楼梦》，读完了一星期不高兴，特别伤感，走不出来，有比较深的消极影响。再说《水浒传》，"少不读水浒"，也不适合小孩子。里面的暴力美学很容易感染小孩子去试试。《三国演义》呢？里面有勇的化身、义的化身、智的化身、德的化身，不是挺好吗？但孩子们会看到，里面有太多的阴谋、复杂的关系，其中也不乏阴暗。开头结尾，表达的情绪其实也非常消极。

那古典诗词行吗？以宋词为例，大部分是伤感消极的内容，包括苏东坡、辛弃疾的豪放词，李清照的更不用说了。当然，这并不影响其艺术美。可是当孩子正值青春期，不断浸淫于消极情绪，负面影响太大。有专家说"只有个别写风景、写自然的好像适合小孩子读"，也不一定。"夜来风雨声，花落知多少"适合吗？"花落知多少"其实是文人在伤时伤春啊，它不适合小孩。你必须拐个弯，给孩子们解释成"要珍惜时光"。更不要说"问君能有几多愁，恰似一江春水向东流"。因为这些当初就不是写给孩子们看的。这样说，并不是不要孩子读这些经典，而是在做阅读推广的时候，要有"净化"和"补充"跟进，我们脑子里要有这根弦。

还有一笔糊涂账必须算清楚：对孩子来说，"标准答案"毒性最大。说一句危言耸听的话，如果阅读推广经常给予标准答案，就剥夺了孩子通过阅读而获取的自主觉醒、个体觉醒的机会。标准答案是把阅读这件事知识化了。知识在这个时代很重要，但不是最重要，因为知识更新很快。什么最重要呢？恰恰是读书过程中那些说不清道不明的、丰富的体验，才是最宝贵的。阅读不是语文课，阅读应该是自由的、个性的、跨越的，不应该用标准答案体系来考核阅读。有些学校读完了《西游记》要考试，怎么考呢？猪八戒的耙子几个齿？哪个菩萨的坐骑是什么？整个把读书这件事糟蹋了。

阅读的初心是什么？其实这也是笔糊涂账。阅读的初心，我认为第一是满足好奇心。好奇心就是探索的欲望，只要孩子心里装着满满的好奇，他就有可能会没完没了地去读书。我有一个朋友，家里买了各种各样的书，小孩子在上学之前天天缠着家人读给他听，因为他还没上学不识字。终于有一天，孩子上学了，自己会认拼音了，他在一个星期内一口气把所有带拼音的书都读完了！越读越上瘾。另一个朋友，他儿子小学初中时把他愁得不行，学习不好，又不爱看书，后来上了国际学校，国际学校带动他在家养了宠物，养蛇，养蚂蚁，我一听，哎哟，那些东西能在家里养吗？结果人家孩子自己管理得特别好。为了养蚂蚁,他把相关的书籍都读完了。这就是好奇心。所以说,如何激发、保护好奇心,是我们阅读推广最重要的使命。

第二,是为情感和精神发育而读书。人的情感和精神能够健康发育并不是一件简单的事。甚至在当下,情感和精神发育这个概念还没有建立起来。一些人变得冷漠,麻木。且不说那些极端案例,就说我们自身,每天上班下班、辅导孩子作业、做饭洗衣,整日被这些事情以及焦虑、压力笼罩,逐渐就有被程式化的危险。情感被挤得没有了空间,精神需求也常常被忽略。一个情感和精神发育正常的人他是积极而富有同情心的,读书就是要唤醒人原本就该有的情感、激情、梦想,打通心灵的能量通道。孩子们在情感发育期,更应该通过读书来帮助情感健康发育。

第三,是获取方法论。阅读是形成认知体系的重要途径,这尤其对孩子们特别有用。孩子们尚处于懵懂状态,对这个世界没有足够的经验。阅读是获取认知经验最快捷的方法。记得我小时候,对很多事情的处理都是在少得可怜的几部电影中寻求参照,比如我跟小伙伴闹矛盾了,他是我最好的朋友,我该怎么处理呢,我看完了《小兵张嘎》,看见张嘎遇见类似的问题怎么处理的，哎，我就找到了办法。那么，成年人需不需要？成年人也需要。书不是给你现成答案，而是打开你的脑洞，让你自己形成方法论。

第四，是通过读书寻找到自己。寻找自己其实是一个很严峻的问题。现在，出现了各类生涯规划课，都在说"你要成为你自己"，但你自己是什么样的？你认识自己了吗？认识自我并非易事。人们每次到人生十字路口，都要焦虑再三。"我是谁？"人一辈子都在寻找自己。通过读书来认识自己，这是终身要做的事情。通过阅读，不断寻找自我、发现自我，不断获取内心的力量，让内心安静。安静时才有能力反观自己。另外，与寻找自己相关联的，是通过读书寻找同伴，人是社会关系的动物，我们需要群体。

第五，是尊重少儿阅读的特殊性。小孩子阅读就是构建种子问题库，将来这个问题库会发挥大作用。所以不要给孩子标准答案，否则所有孩子的问题库都是方方正正的砖块，这些砖块垒起来就像我们今天看到的现代平庸建筑，都一个样，很可怕。

这些是我理解的阅读的初心。我再说说阅读推广的初心。阅读推广的初心就是培养读书人。阅读指导师就像大树，涵养一方生态。美国小学布置的家庭作业就是读书，大量看书，培养孩子阅读的兴趣和习惯。所以从这个初心而言，就是激发兴趣，然后是启发方法，在关键节点上给他点拨。最重要的是唤醒阅读者的主体意识，这是阅读推广最最重要的事情。如果你推广了九年，这个孩子的主体还没有觉醒，还在等待标准答案，那这个阅读推广就失败了。

希望每一位阅读推广者，都能擎着智慧之光、理性之光，来照耀孩子们的阅读之路。

读书的价值再次被擦亮

今天,媒介飞速发展,物质极大丰富,人们的生活有了多种选择的可能。读书这种传统的生活方式是否值得人们坚守呢?这个问题的本质是,是否随着网络日新月异的发展、随着对物质的诉求不断得到满足,人们就会不再孤独呢?就不会有心灵迷失呢?可能恰恰相反,孤独和迷失会更严重地纠缠人们。读书仍然是解决人们精神问题的有效路径。

2008年是坎坷的一年。这一年,我们一起经历了不少灾难。这向人类昭示了一个事实:现代科技的发达,并不能消除人类的灾难;人类依然需要有直面这些灾难的勇气。这一年,有一个简单的道理被重新打磨——当灾难来临时,心灵最需要支撑。于是,读书的价值在2008年再次被擦亮。据说,在南方雪灾期间,火车站的书报摊生意很火。阅读,让大家安静下来。那个在废墟中借着手电的光亮看书的四川女孩,明白了这个道理:读书本身就会有一种温暖,有一种力量,不然何以抵挡地狱的狰狞?震区的孩子们也正是以最快的速度重新捧起了书本,才有效获取了抵御心灵创伤的能量。

当然,我们并不特意倡导为了准备抵挡灾难而读书。读书本身更重要,其价值就像一件历史悠久的金器,越擦越亮。尤其在这个日益喧嚣的时代,各种诱惑也越来越有力量,心灵易迷失,生命也易被消磨和异化。这个时代的读书就需要一种勇气和坚强。进一步说,能坚持读书习惯的人,也是这个时代的英雄。尤其是那些不屈不挠推广读书的人们,更称得上是英雄。因为他们正在与各种强大的诱惑争夺少年学生的心灵。这场看不见硝烟的战争更需要百折不挠的毅力、春风化雨的情怀和开人心智的智慧。

寻找并宣传这样的英雄,是我们《中国教育报·读书周刊》的使命。我们曾经把办《读书周刊》当作"植树造林",就是培养一批批的读书人群。每届"中国教育报年度推广读书十大人物"都是我们发现的模范"植树人"。我们曾经自豪地宣示:"看着一片片年轻的'树林',我们不由得心花怒放——这就是我们的灿烂风景，这就是我们为之痴迷的事业。"这些"植树人"正是我们要寻找的英雄。

一天天、一年年，用自己的深情为学生读着那些有生命的篇章，让一批批的孩子及家长养成了读书习惯，度己又度人的常丽华老师，推广"素读"运动的苦行者陈琴老师，找到读书和写作的动力系统的智者管建刚校长；还有郭涵、王雷英、翟广顺等，他们都在用自己的激情和智慧孜孜以求，持之以恒地推动着师生读书大业，而且以身作则。他们明白，再热闹的世界，也必须留着一块宁静，最重要的学习习惯就是读书。

读书在中国至少有两千年的历史。只要活着，能有力气打开书页，读书就可以开始了。当你静心读完第一段，一种温暖的光便开始照进你的心灵。这种古老而永恒的生活方式，将伴随人类度过漫漫的生命之旅。

把童年储藏起来

童年并非只作为童年阶段而存在；童心的价值远远超越了年龄界限，在一生中发挥着神奇的力量。让童心随人生一直跳动下去……

童年正在大面积被污染和忽略

在中国，几乎所有的家长都无数次地对孩子说过这样的话：一定要刻苦学习，长大才有出息；如果学习不好，以后连个工作也找不着，吃饭都成问题。

这样的文化意识之下，中国人的孩提时代注定要承重度过。

童年像只彩色气球，但很多孩子的童年还没有撑开，还没有显示出绚烂多彩的空间，就空瘪着被略过了，结束了。

我们中国似乎正在遭遇"不需要"童年的季节，尽管我们总听到有人煞有介事、不乏矫情地说"一切为了孩子，为了孩子的一切"。

许多"聪明"的家长，摸索出了"早熟的桃子好卖"的真理，还有张爱玲"出名趁早"的语录，这使社会上刮起了略过童年、追求成功的教育风尚。近期又闻两个儿童要横渡琼州海峡的报道。看来"早熟的桃子"们要在市场上踊跃摆出了。过早"起跑"的孩子越来越众，风真的越刮越大了。

听孩子们背书的味道，千篇一律，众人同声，什么文章都一个味儿，一个老师教的就是整齐；

看电视台采访儿童，问题基本意义重大，回答可谓语重心长；

再看孩子们的作文，看得直牙疼，怎么老说一些只有成人才说得出的平庸之句？

哪里还有童年的影子？

这就是污染——对童年的残忍污染！是什么使我们对童年如此残忍？真的可以用一句"为了孩子好"能解释得通？

评家有言：中国的高考竞赛，从幼儿园就开始了。此言不虚。等到了初中、高中，这种竞争已白热化，孩子们纷纷落马。竞争对于社会和人的进步来说是必要的，但恶性竞争、有大面积孩子失败的竞争，肯定是有违人性的。这种恶性竞争，对于童心来说，几乎等同于屠杀。农人有言"早熟的果子早落"，不可不戒。

就目前我国儿童（尤其是学龄儿童）的生存状态而言，以人为本的理想显得过于遥远。作为家长，陷于这种不得不玩到底的"勇敢者的游戏"之中，似乎人人无奈，不得不拿出大量的精力来"折磨"孩子，顺便也折磨一下自己，谁也不敢懈怠，全社会的家长几乎概莫能外。中国儿童似乎只是为了受教育才出生的；一味把儿童当作学习的工具，就是对童年的忽略或摧残。童年变得空洞、苍白。孩子们甚至失去了感动的能力和资格。

早年所欠　迟早要还

国外的心理医生在为病人看病时，经常让病人从童年说起。因为病源可能来自童年。目前中国社会中成人世界的许多流行病也未必不是来自童年。

童年并非只作为童年阶段而存在的。作为一生的生命底色，在童年身上有意或无意留下的印记都不可避免地在未来人生中"秋后算账"，每一笔的账目都会很清楚。童年无意中撒下的种子，早晚会开花结果。比如，童年所经受的严重心理失衡和精神压抑，一般会在成年后遭遇困难时暴露出来。我们许多家长对待孩子的所谓"成功教育",其实是在为孩子们的成年阶段埋下祸根。

如果一个人拥有过本色的、没有被污染过的童年,那么,他今后的人生就有了一个好的底色,对人生和各种事情的观照就可能有了正常的生命视角;如果拥有快乐、饱满的童年,就为今后的人生奠定了一个安全的精神基础,无疑相当于买了一份终生精神保险。

像许多人一样,我看到老年爱因斯坦伸出舌头做鬼脸的样子非常感动。作为世界顶级的科学家,爱因斯坦一生都保持着一份童心。用他自己的话说,他的成功只是把童年时的问题和兴趣一直保持下来。这就是童心的力量。

童心的价值远远超越了年龄界限,在一生中发挥着神奇的力量。童心可以让一个人生命力旺盛,让人生龙活虎、魅力四射;一个人的创新能力的发育几乎都是从童心好奇开始;拥有童心的人,能够真切感到新鲜生命的脉动所带来的兴奋和快乐。

想想看吧,一个人过早地结束了童年时代,过早堵塞了童心,该有多么悲哀。这意味着麻木侵入了心灵,程式化的生活霸占了生命,再走得远一点,就奔着阴暗和逼仄而去,离物质和精神的监狱越来越近。

所以，我们必须把童年作为一种不可再生的财富，小心储存起来，这会让你感到一生都很"富有"，有信心；让童心随着人生一直跳动下去。

以阅读的方式储藏童年

童年可以无限扩展。在有限的童年时间里，可以有无限的生命体验。现实中，童年的空间有很多被污染或浪费掉了。既然童年如此珍贵，我们最好想个办法把童年储藏起来，用一生的过程来享受这份快乐。

储藏童年的前提是：让童年丰富多彩，从而有足够的童年精神剩余；让童年撑破童年的时空界限成为强大的童年，以至于你已经很成熟了、地位很高了，但童趣依在。

童年或在风景秀丽的大自然中展开，或在爷爷奶奶的故事中延伸，或在与伙伴们无忧无虑的游戏中烂漫笑过——这些都是储藏童年的方式，是非常棒的自然状态的储藏方式。

还有一种童年的储藏方式是折叠的方式。这种折叠式储藏童年的方式就是阅读。

几乎每一本童书中，都装了一份精彩童年。如果孩提时代，通过读书无数次地经历了多彩的童年，从而开发出尽量大而精彩的空间，这就等于为终生储存了大量的童年精神，今后将经常生活在彩虹般的光环里。

这样的道理似乎太浪漫了，需要慢慢体会。

从更现实的层面来说，充实地度过童年，必须要有一定量的童书阅读。不然童年就会很不完整。因为什么也无法替代儿童对童书的阅读过程。

如果孩子们没有精彩的童书，谁陪他们度过黑夜、孤独和说不明白的焦虑？最能理解孩子、最能与孩子沟通的，还是童书。如果说某些经典童话过时了，孩子们真的不喜欢了，意味着现实世界的孩子正在接受"现代污染"，正在被变得功利、世故，变得不会感动——难道这不正是一种灾难吗？

一群不会感动的孩子意味着什么？或者一群只是为了深刻理解课文或为了写好作文而感动的孩子，除了矫情哪有真诚？

童年，无论什么昂贵的东西都无法与之相提并论；与童年相比，什么都会黯然失色，又何况什么少年成名，什么"万能"练习题！

只要孩子们捧起童书，就开始了对童年的储存，就在开始储藏快乐和快乐的能力。

至于读什么、怎么读，这些是技术层面的问题。家长在儿童阅读过程中扮演什么角色，倒是家长们该认真考虑的问题。笔者担心，家长们的功利主义思想一不小心会又腐蚀到儿童阅读——有些家长肯定会见缝插针地强调"读书学知识""写读后感""提高某种能力"等，这些就偷梁换柱地成了儿童阅读的主要目的。

作为家长，在儿童阅读过程中有责任做好这样几件事：引导孩子接近书，培养对书的情感和兴趣以及持久的读书习惯；帮助孩子克服阅读障碍，引导孩子进入书中；与孩子共同阅读，相互交流书中的内容和阅读感受；给孩子展示读书成绩的机会，让他们把读到的说出来（这一点，在学校班级读书中也很重要）；对孩子进行读书奖励。

在这个过程中，家长尤其注意，不要给孩子布置作业，不要强迫阅读某些书，不要打扰正在阅读的孩子。

读什么其实不是最重要的，只要不是问题书，如果孩子感兴趣，家长和老师尽可放手；也不必对孩子们读后的"胡思乱想"刻意进行纠正，他们会随着阅读量的增加而自我修正。

尽量引导孩子读经典童话，因为里面有着超越时空的美：美的心灵、美的情感和孩子们感到无限神奇的故事——这是童年的必要营养。

只要孩子的眼睛盯到了美丽的书页上，一个美丽的故事就开始了，世界就正在发生着神奇的变化。

假如你错过了童年

错过童年的人并不在少数，关键是自己能否感觉到这样的问题。尤其在目前汹涌澎湃的考试大潮下，错过童年的人正在成倍地增加。错过童年，就是那个美丽的气球还没有被吹开，就空瘪着被风吹走了；意味着那个美丽的童话口袋还没有被打开，就被魔鬼偷走了。

错过了童年，就等于错过了人生乐章中最动听的一段旋律，会让你一生都被遗憾纠缠。

假如你错过了童年，没有更好的办法，只有补课！补童课。

时下流行成人过"六一"儿童节，这就对了。儿童节属于每一个人。成人过儿童节别有一番趣味。这只是补童课的一个标志性动作。当然，自己不是作为陪衬过节，必须有计划、有激情，全身心投入，把脑袋彻底扎入童年的清泉中，喝几口泉水，目光随着泉中小鱼自由游动——总之，要认真做一回儿童节大梦。

可是儿童节过完了，并不意味着已经补完了童课。建议有计划读一些经典的童话，经常看一些动画片。笔者就不止一次大看安徒生、格林的童话,如痴如醉地拜读连环画,忘乎所以地大笑着欣赏迪士尼的动画片。这一切的关键是体味童趣,再次激发好奇心,最好对目前的表象世界有所遗忘,让心灵扎入童年世界更深一些。

通过补童课,如果可以激活当年未曾开发的童年空间,让童年再次回归,伴随着每一天的生活,日子变得立体化、多元化,可谓善之善者。突然有一天,你尝到了生活中一种鲜活的味道,也许童年真的就又回来了。

我们不妨做一种测试:如果你能够很投入地与儿童一起玩耍,并能够从中得到乐趣,说明你的童年并未走远,你的储藏很丰厚。祝贺你!

爬坡式阅读：让每一次阅读都成为一次冲击

在读小学四年级的时候，笔者经常翻看高年级的课本，倒不是刻苦钻研，是因为那时实在没有书看，所以只要是书，逮住翻几页再说。结果，脑子里装了一些乱七八糟、糊里糊涂、似懂非懂的东西，常常让老师诧异。那些总在脑子里装着的问题，有的后来自己找到了答案，有的也就稀里糊涂忘掉了。但这些经历对笔者的成长有一定影响，尤其是对形成多问、多思的习惯似乎大有影响。

近年，朋友儿子的一些做法让我大感惊奇。他读三、四年级时，利用在家上厕所的时间就把《三国演义》原著读完了，到五年级就独立写出了关于《三国演义》的论文，而且获了大奖。进入六年级后，开始看《时间简史》，大人问他："能看懂吗？"他说："看不懂，但很好玩。"而且他能给别人讲一讲，讲到不懂的地方就说"这部分看不懂"。这位少年的阅读习惯，与时下消费性、娱乐性的时尚阅读有本质不同。几乎不累脑的阅读，就求一乐、一刺激，读完就忘。那样的阅读，即使读破万卷，也脑中空空，心内虚虚。而这位少年的阅读可以说是爬坡式阅读，每一次阅读都是一次冲击。

笔者并不鼓励青少年专读晦涩难懂之书，正如杨九俊先生所主张的，要鼓励孩子多读"似懂非懂的书，少看同龄人的作文选"。其目的，就是鼓励孩子通过阅读进行思维爬坡，以钻研精神进行阅读。如浪花冲击海滩，每一次阅读是一次冲击，是对思维、情感的一次冲刷。让僵化的、落后的东西受到一次次刷洗，让思维总处于年轻态。这样的阅读，真可以使你一日千里。

读书是引火归元,补正养气

一旦捧起书本,我们的心灵就归入了大海,如黄河入海流。读书是一种互联行为,不读书的人是被屏蔽的。

我们以经济建设为中心,取得了辉煌的成就。在这一过程中,我们也在精神层面付出了较大代价:压力大,焦虑多,火气旺。这在中医上叫"虚火在上","气浮于上"。这是不利于健康的。我们务必经历让火气沉下来的历史阶段,读书是让大家静下来的好办法。通过读书,让群体沉静下来,这用中医的一句话叫"引火归元"。只有引火归元,阳火才能温煦身体、化生气血。在文化层面来说,大家心绪沉下来,清除浮躁,不再焦虑,才可能有文化自信,客观对待传统文化,才可接续文化根脉,淡定理性地吸纳新文化。这一过程叫固本培元。

读书也是补正养气的一个过程。孟子说"养吾浩然之气",浩然正气需要文化滋养。有一些社会问题,不是仅靠法律、靠硬性的规定就能解决的，需要唤醒文化自觉，靠文化来解决。让文明成为自觉，最有效的途径就是读书。

再者，读书也是提高生命质量的必经之路。我们不能总是匆匆忙忙，人生苦短，生命需要细细体会。我们需要通过读书来凝视心灵，端详生命；需要通过读书来唤醒美好，疗救自我，打开和拓展生命；需要通过阅读来建设内心的自由。

好风但识读书人
——暑假阅读秘笈

暑期阅读和平时阅读不一样。

天气太热,一读就浑身发热出汗的书不能读;好在是放假,可以自由读一点想读的书。

笔者少时在大梨树下读《三国演义》,被诸葛亮的东风吹得灵魂出窍,早就忘了正身处炎夏。同村乡亲以此教子:"瞧瞧人家!心静,是读书的料。"

好风但识读书人。读书令人心静,暑期读书正是消暑度假的好手段。如果你不是功课特差、需要恶补一番,那么暑期可是读书人的天堂时光了。当然,你要静下心来计划一下:怎样读才最有意思。如果味同嚼蜡地读了一些毫无意思的书,而耗过这近两个月的大好时光,岂不冤煞?笔者以为,暑期读书自然有些奥秘存在。

暑期阅读的根本原则应是性情阅读,即随心而读,不为功利，只为痛快。把你梦寐以求想读的书，读了！就等于有了一个高质量的假期。当然，这样做的前提是你要知道自己真正喜欢什么，这一点就不是很容易。因为，想知道自己最喜欢什么、一直盼着读什么，先要知道这个世界有什么好书。这要靠平时眼观六路、耳听八方、心里琢磨着积累；再者，如果你不是爱书的性情中人，多少好书你都不会动心，那你也就不存在有个幸福的读书假期了，好风也就不来找你了。其实，这就是要求你平时没有时间读书时，就要逐步建立自己的读书理想，积累读书情怀。

如果，能有一到两个伙伴，成立一个读书小组，读起来就更有意思。或一起读一种书，或各读各的，关键是可以经常在一起聚一聚，交流各自读到的有趣情节，讨论一下书中的观点和读后感，那有多好啊！还可以互通有无，互补图书资源；还可以相互鼓励、相互督促，以形成一个读书的话语氛围。那么，肯定越来越想读。

写不写读书随笔或者读后感呢？想写就写，不想写也没有什么大不了的。但关键是要有所思。有所思即有所得。笔者当然还是鼓励你写出自己的想法，因为只要动笔写，你的思考就有可能一层层深入下去。如果书是你的，你也可以随手写在书上。你真要写了一些读书随笔，可以肯定的是，比你的作文或其他别的什么官样文章都要有意思、有价值，而且这会成为你自己精神建设的重要资源。

如果读无所思，那么读书的效果可就大打折扣了。岂不闻有人戏言"读书破万卷，仍是糊涂蛋"，即指读无所思之人。

或曰：俺一直计划暑期出游，读什么破书。这一句话就道出了此人与书的距离。毛泽东上厕所还不忘持书，何况出游？在你生命中，书该是如影随形的伙伴。如果你出游，除了要读旅游的工具书外，一定要选一本你喜欢的书带上。旅途漫漫，有书为伴，肯定让你度过一个立体的暑期生活。

最关键的是，人要不间断地积累，以成长情感和思想，不间断地积累自己的精神力量。所以，就要不间断地读书。如果你还没有养成天天读书的习惯，如果你已经有一段时间没有读书了，那么，从暑期开始。

第二辑　阅读推广之精微

【按语】

　　读书不是简单事。推广读书更不简单。给时间、给空间、给书，只是万里长征的第一步。有老师引导的读书不是很好吗？用家长共读的方式不是很有趣吗？可在实践中，很多孩子不喜欢读书，最终没有成为读书人，就是因为某些老师的不正确引导和亲子共读的变异。一些老师和家长把他们那一代错误的读书观又强行灌给下一代，导致了下一代的"阅读厌食"。本辑所录是近年对阅读推广问题"挖井式"探究的文章，追着问题深挖下去，企图找到真问题、新问题，并努力窥破天机，找到问题的解决方案，而不是老生常谈。

阅读推广须弘毅致远
——对当前阅读推广活动的一些提醒与建议

社会各界对于推动中小学生读书的热情让人欢欣鼓舞，学校推动读书的力度历史空前，大家对推广读书信心满满。建设书香中国、书香社会是国家战略，人人有责。这是系统性的、长期的工程。热情是值得肯定的，但是也需要时常下一点毛毛雨，让大家冷静冷静。如此庞大规模的读书推动，必须有理性介入，让理性主导；也必须精细化、专业化，不能止于粗放。

要防止"读书秀"欺占读书的现象，朗诵、话剧，各种读书延伸活动，不是不可以，但须有个本末之分。这些活动需要大量的准备时间，就是个简单的手抄报，也要做两个晚上才做完。过多的阅读延伸活动占去了仅有的空闲时间，哪有时间读书？推动读书是为了培养读书人，要重视长期效果，要追问：我们这样做了，就一定会培养一批读书人吗？孩子们毕业以后还读不读书？所以要稳打稳扎，一定要做好基础性工作。如想推动读书走向深入，除了硬件基础如图书、空间、时间以外，更重要的是打好软基础。万事起于基础，在阅读推动、培养中国的读书人口方面，建议必须做好以下几方面软基础工作。

第一，先须摸清培养读书人的基本逻辑。即在怎样的逻辑之下才会培养出读书人。这个逻辑不通达，大规模的培养行为就是糊里糊涂的。

首先，务必做到激活孩子们的阅读兴趣。粗放的标志之一，就是忽略了激活阅读兴趣这一环节，长期的忽略，我们就不会有经验积累，就不会做这件事儿。这是最重要的基础工作之一。小学阶段推广读书不要好高骛远，阅读兴趣的确立是命门所在，促成孩子与书建立良好的亲近关系，能"相看两不厌"，才有读书的后话。

其次，扎扎实实培养阅读能力。没有兴趣就没有开始，没有能力则举步维艰。在这方面，我们是有历史欠债的。从基础建设角度来说，这一关要补上。

再次，要下功夫帮孩子养成阅读习惯。所谓阅读习惯，就是把读书嵌入日常，如天天吃饭一样，成为日日之需求。阅读习惯的养成很不容易，如同在血液中注入阅读基因。这需要持之以恒，如果中断，再接续有困难。阅读是需要训练的，在艰苦的训练下孩子们逐渐尝到读书的甜头，并形成阅读依赖，才会有习惯养成。

还有一点也需关注：怎样阅读"不喜欢"的那些书。我们在推动阅读上可以很包容，孩子们喜欢什么就读什么，只要不是坏书，都可以读；但不喜欢读的书怎么办？永远不读吗？不能有严重的阅读偏科啊，每个人都免不了要读一批不喜欢的书，对此，要引导孩子们去攻坚克难。

第二，要探索一种可以推广的、培养读书人的基本方式。培养读书人其实可以个性化，但要有个基本方式做参照，这并不是设置标准。笔者曾经调研过三位读书读得很好的孩子的家长，他们的一致性令人惊讶：他们家里没有电视、不玩手机，多年来家人的业余时间就是读书。我一直想找一句话来表达这种基本方式的内涵，一直没找到。最近听到一个词"慢火炖老鸡"，很贴近其要义。在被手机游戏、短视频诱惑的时代，把孩子变成一个读书人，其难度相当于让榆木疙瘩发芽，又像炖熟一只已经下蛋多年的老母鸡一样考验耐心。怎么办？慢火炖老鸡，要有足够的慢火，要有足够的调试好的汤剂，以求春雨润物、细而无声。这也符合古人"无声而教"的说法。教育家潘光旦有句话，教育就是大鱼带着小鱼游。这里边最重要的，一是大鱼干什么，二是水的质量。学校、家庭、社会，酝酿了什么"水"。在培养阅读者的过程当中，"水"很重要。家长在家里天天玩手机，看小视频，"水"就被污染了。学校里，天天就是分数这点儿事，学校的"水"也会营养不良。这就等于炖老鸡没有足够的慢火和汤水可用。疾风暴雨，大水漫灌，这都不是培养读书人的最佳方式。不要急躁，不要太过功利，要记住一句话：孩子们不喜欢读书的原因，很可能是我们推广读书的方法有致命问题。

第三，要培训阅读指导者。老师、家长甚至社会人员都可作为阅读指导者，但要经过专业培训。应该组织专家队伍来研究此事，设置课程，设计制度，下力气培训阅读指导者。

我特别建议，要重视孩子的个性化阅读体验，阅读既然是个主动性行为，也就一定有个性化体验。

要给学生一定的阅读留白，让他自主选择他喜欢的书。这并不是粗放，而是培养阅读的主动性，至少在一段时间里让孩子自由自在地享受阅读时光，独立发现并享受自己喜欢的书。这并不容易，需要用心积淀。在没有干扰的情况下，阅读的主体性才可能被充分调动，这是深入阅读的前提。

不要着急做盖棺定论式的评价。对一部分在阅读考核的时候成绩并不高的孩子，评价为"阅读能力差"，对于培养一个阅读者来说可能有致命的、长期的负面效应。这种挫败感，会让他远离书本。阅读评价要有包容性，重视鼓励，弄成一场考试就无趣了。

要警惕在阅读推广的过程当中，孩子们只是个客人，甚至只是个过客。咱们的目的是培养读书人，让孩子们变成读书人，如果孩子们一直是客人，是旁观者，是过客，我们就全盘输了。

总之，培养读书人任重而道远。有多少孩子最终通过我们的努力成为读书人？这需要时时在心里自问。大家须弘毅，又要创新。

阅读升级的几个关口

"全民读书"已有数载,大有起色。培养了不少读书人,功莫大焉。当然推广读书的大业是个慢功夫,任重而道远。2022年高考结束后,我调研了几个高中生高考后的暑期计划,遗憾的是没有一个计划读书的。孩子们与书的亲近关系依然很难建立,我们要与游戏、短视频争夺孩子,要意识到任务的艰巨性。各行各业都在升级,阅读推广也需要升级,使之更有效、更精准。就阅读升级所涉猎的问题,我谈几点想法。

务必激活阅读主体

阅读主体没有觉醒前,阅读者就没有有效的阅读,也不会有有效的阅读积累。真正的好作品,一定会有吸纳阅读主体深度参与的强大能量,也一定是在欣赏者、阅读者的共同参与下最终完成的。阅读或欣赏活动的真正开始就是主体的觉醒，主体觉醒的标志，就是深度参与了作品的最终完成。例如我们的国画，在绘画主体部分的强大调动下，大量的留白是有生命的，留白部分由欣赏者在欣赏过程中自己填上，那是天空，那是水面，那是风在吹，那是船在动。好书也是这样，大量的留白内容由阅读者自己完成。如果阅读主体没有觉醒，阅读主人翁没有真正介入，作品就没有被激活，其实质是作品没有最终的完成。所有酣畅淋漓的阅读，莫不是有深入的情感及思想投入，而不是僵化呆板地单向接受。主体觉醒以后，才能有效阅读，从而开启主体的自我建构。随着阅读的深入和积累，阅读主体才逐渐丰满。

以激活主体为原则，阅读指导过程当中要最大程度尊重阅读者的主体个性，减少追求标准答案。因为刻意追求标准答案，最容易伤了阅读"胃口"，也难以建立自主的阅读生态。我们应该允许个性化的解读，只要能自圆其说。这个过程中，最好是有个辩论的氛围。如果阅读理解有明显硬伤，在辩论过程当中就不能自圆其说，自会自我修正。我们日常读的很多书，一开始读的时候都认为理解是正确的，但随着我们的成长、成熟，不断发现自己的理解有误，会自我修正。总之，整个阅读过程中真正的主角是阅读主体，而不是作品，主要任务是阅读主体的成长变化。这叫"得鱼忘筌"。

戒"玩物丧志"

北宋年间谢上蔡先生，就是谢良佐，去拜会程颢。谢良佐已经中进士了，跟程颢交流的过程中，要用哪一段经典、哪一段圣贤的话，即顺口背出，熟练记诵经典，可谓才华横溢。程颢说"你这叫玩物丧志啊"，上蔡先生听了当时汗流浃背。程颢的话点中了上蔡的要害。记诵之学为小道，求道才是根本。现实中这种玩物丧志是不是更严重？程颢接着又说了一句话：你还是有恻隐之心。这段话里，程颢先生说了两个概念：一个是志，一个是心。志者，求道之志，读书要有求道之志。游离于道外的读书，就是显摆一下记忆力好、博学，这就是玩物丧志；另外读书人要有恻隐之心，就是与天地万物一体为仁的胸怀。谢良佐先生从此拜程颢为师，终生克"矜"，"矜"是他的心魔。

我们难道内心没有魔障吗？消除心魔最好的方式就是读书，因为心事大多是自己偷偷解决的事，别人很难介入。人一辈子读过很多书，也悄悄化解了自己内心的诸多纠缠、矛盾、疙瘩，达到仁和畅达的状态。每个人都要安顿好自己的心灵，读书，与智者对话，这本身是个求道的过程。历史上和现实中其实都有更严重的读书丧志。

警惕"越读越傻"

王夫之在《读通鉴论》中提到有一位读书亡国的皇上——梁元帝，读书万卷，但"义不能振，机不能乘"，所读之书，不得其要领，"得纤曲而忘大义，迷影迹而失微言"，"无高明之量以持其大体，无斟酌之权以审于独知，则读书万卷，止以导迷，顾不如不学无术者之尚全其朴也"。当然这是个案。对于阅读者而言，读书就是入局。过去古人读"四书五经"，就是入儒家所谓圣人之道的局；读佛老，就是入修行的局。读书者最好的状态就是"入乎其内，又出乎其外"的澄明状态，既要有学习之心，又始终要有反观、修正之心。尽信书不如无书。无论如何读书不能入应试的局。

谨防把读书玄圣化

我们在阅读推广的过程当中，不要灌输一读什么都有的观念。要建立正确的阅读观，切忌急功近利，须建立长线思维。

南宋陆九渊提过一个命题，尧舜之时何书可读？尧舜作为圣人，当时有啥书可读？不也成为圣人了吗？他说这话当然有点抬杠，是为了反驳朱熹只有读圣贤书方可践行圣人之道的说法。我们今天思考陆九渊提出的这个命题，不是为了反对读书，而是为了更好地阅读。大家可以思考，像慧能又读过何书呢？与读书同样重要的是求索之心、独立之意志。如果阅读者能求尧舜之德，有慧能之悟，岂不善之善者也！

好读书，不求甚解——但求会意

"好读书，不求甚解"源于魏晋风度，竹林七贤中的嵇康和好友吕安都主张好读书，不求甚解，得意而忘言。后来陶渊明说"好读书，不求甚解；每有会意，便欣然忘食"（陶渊明《五柳先生传》），这里的"甚解"，我们可以理解为过度解读，或读书便必须对字词句详尽解释。今天，有些读书指导课但求"甚解"，是否"会意"却管不了那么多。有"甚解"，便不会有"会意"后的"欣然忘食"，严重的，导致读书味同嚼蜡。要防止培养寻章摘句、无一字无来处的腐儒。读书如与高人交流，最高境界不是得到知识，而是得到醍醐灌顶、恍然大悟的格调升级。这注定是灵魂的碰撞、心灵之交流，是读书的根本所求。

归根结底,读书有个入门上道的问题。尝不到读书的乐趣,就建立不起与书的亲密关系。终生与书相伴的人,才是真正的读书人,一路走一路有高人指点。作为指导老师,激发阅读兴趣,让学生亲近书本;及时给予阅读台阶,让学生不知不觉登上阅读的高坡,这才是有效的指导。如果没有足够的耐心和智慧去设计这种台阶,阅读指导就无从谈起。

希望越来越多的人能够拥有书这个终生挚友。

"厌读症"之病机分析

总会发现身边有一些孩子不喜欢读书。即使高中毕业甚至到了大学,都不喜欢读书。一本书放在身边一年翻不了几页。一说让他去读书,他就会感到无趣、紧张,甚至慌乱,有各种推诿。

曾遇到这样两个孩子:一个是作业恐惧症,一个是钢琴恐惧症。这两个孩子有一个共同的表现,每次在做作业或者练钢琴之前,万事俱备了,孩子突然说:"哎呀,我还没有上厕所。"上完厕所后会非常细心地洗手,刚刚坐下,又说"哎呀,我还没有喝水呢",等等。这是孩子随机应变设置出的逃避小技巧。因为他内心实在是讨厌做作业、练钢琴。

孩子经历了什么,才会患上"厌读症"呢?想想老师和家长,为了让孩子读书所做的各种尝试、努力,这个结果让人有点沮丧。最近一位女学者旗帜鲜明反对亲子共读，说因为这是一种"喂养"。喂养的孩子多有厌食症。受此启发，或许我们应该在"让他读书"的各种努力过程中，寻找"厌读症"的原因。

先说亲子共读。这其实是个很有创意的促读设计：利用孩子与父母的亲近关系，亲近书本，大人孩子共同融入书中，从而让孩子享受到书的精彩，养成良好的读书习惯，并建立与书的亲密关系。但现实中，亲子共读很可能是一些孩子从心底排斥读书的一个重要原因。想实现这一目标得有个前提：家长必须是理想家长。家长与孩子间必须是亲密互信、毫无芥蒂的关系，家长的行为方式必须是民主的、包容的，智慧的、有趣的，而且是真正爱读书的，这样的亲子共读才有可能对读书有良性促进作用。但事实可能相反。在亲子共读的现实中，孩子们不喜欢的篇章，家长可能会逼他读；孩子走神了，会遭到家长呵斥；孩子想去玩儿了，家长会逼他马上捧起书本；甚至孩子在读书时，家长看手机等类似节奏不和谐的现象并不少见。更严重的是，很多本来就被生活、工作压得喘不过气来的家长，自带情绪，很容易把亲子共读过程当中的所有细节问题上纲上线，逼孩子就范。孩子几次交手下来就学乖了，不就是亲子共读吗？我何不做一个听话的乖宝宝呢？就装模作样"顺从起来",家长也以为是成功了。书只是这个斗争过程里的道具,家长不在场,孩子恨不得把它丢到垃圾桶。

学校的阅读引导更复杂些。毋庸置疑,有大量的老师,尤其是语文老师,在引导读书上很专业、很有创意,效果也不错。例如,上个世纪90年代末期,山东烟台就进行大量阅读的教改试验,效果就很好。当时笔者采访该区一所学校三年级的学生,其阅读面惊人,而且都是自主阅读。孩子们谈吐之淡定、自信,思想之活跃,给笔者留下深刻印象。再如,本世纪初年,笔者采访过山东潍坊韩兴娥老师的阅读课探索。她使语文课成为阅读的天堂,孩子们在老师的帮助下,排除阅读障碍,自由奔跑于人文大草原,超越教材,博览群书,尽享阅读的魅力,且自然而然过渡到书写。这样浸淫几年,孩子不爱书都难。近年,随着国家对读书的重视,也有不少老师大胆实践,深入探索读书问题,如整本书阅读的实践就积累了大量经验。但问题总是潜藏于现实之中,无法回避。会有一些本不读书、也不爱书的阅读引导人,以己昏昏,使人昭昭,炖一锅不知何味的"珍珠翡翠白玉汤",逼人喝下,还要考核,学生们怎不坏了胃口?

时下流行的"共读一本书"活动,也本是个好创意——举案说法，以集体精读一本书的方式，授学生读书的方法，做细做巧做到位，这是个有效的引导读书的方式。但如果走了样，其伤害性也不能忽视。

最易犯的低级错误就是"齐步走"。可以共读，但不可"齐步"。阅读本是个体自主状态下的精神活动，一味找齐，步伐不免或赶或收，大大败坏阅读的兴致，实际成了一种变相的语文课。语文课自有其任务，阅读课另有其精彩，还是分开的好。

最恶劣的阅读指导是抽筋剔骨，肢解经典，把阅读理解知识化，最后学生们都获得了本书的"标准答案"。这本质上不是阅读引导，而是准备考试，是做练习题。这种"引导"的结局是：谁也别想"用心"看书，谁也成不了读书人。这样，阅读就死了。

揠苗助长式的阅读课也并不少见。笔者曾听一位一年级小学生哭诉：特别不喜欢读《上下五千年》，因为根本不明白。听一位三年级的小女生抱怨：不愿意读《水浒传》，也不愿读《三国演义》。阅读经典需要文史知识和生活经验的储备，也需要阅读能力的准备，过早读这样的经典，很有可能就是组织一场对经典的"生吞活剥"，除了少数孩子外，大多数孩子恐是味同嚼蜡，最后记一通有关这部名著的知识点，就算读过了。孩子们的这种记忆，会把阅读塑造成无趣的恶性事件，这种记忆会不断附加，会植入潜意识。——总之，他们可能会有这样的认识：读书是能不干就不要干的事。

阅读的终极目的不是为了获取知识，而是阅读者的成长。通过阅读，与高人对话，获取精神营养，从而达成生命的升级和拓展，也通过这一过程寻找自我、打开自我、建设自我。这是一件自主性极强的主观活动。所以，阅读引导务必让学生觉悟到自己在阅读这一过程中是主角，是自己的主场，是可以自己做主的。要提倡自己选择、自我判断，不要塞进一些标准答案和知识要点，要允许理解失误，包容个性化解读。没有激发起孩子的阅读兴趣，没有让孩子尝到阅读的甜头，这样的阅读引导是失败的；作为阅读者，不能建起属于自己的阅读思维模型，一味依赖于别人给的标准答案，始终不是一名合格的读书人。

治疗"厌读症"，依然要从激发阅读兴趣、激活阅读主动性做起，从建立阅读自信做起。有了阅读冲动，别的事才可开始。

培养健康的阅读观

不要过于乐观地估计孩子们的阅读状况。

我们过去是跟电视夺孩子，现在是跟手机、跟游戏夺孩子，而且明显夺不过。大批的孩子还没有真正养成阅读习惯，对书不亲近，没有形成阅读依赖，认为读不读书无所谓。这是个硬伤，我们必须意识到这个问题的严峻性。如果学生们的阅读习惯没有养成，语文教学很难说是成功的。

即使读了，深入阅读也少。无法静下心来读透一本书，阅读浮于表面。最突出的标志就是阅读局限于知识层面的了解、知道或记忆。这实际上是基于一个大的背景——孩子们和老师潜意识里得应对考试：为什么要读书？要考试！而且确实很多学校读完了一本书要考试，孩子们读书时就本能地找考点，把这本书的考点找出来。这其实就是肢解经典，像尸体解剖那样解读经典，这直接是一场噩梦，家长、学生、老师大家一起做噩梦。有孩子说，可别再跟我说名著阅读的事儿了啊，我都快吐了，读书味同嚼蜡。这种情况绝非少数。

这种阅读状态不可能建构融会贯通的阅读能力。通过阅读来建设自己的人生模型，处理复杂的人事，每个人都得靠模型，需要对纳入的信息融会贯通，形成方法系统、情感态度等模型。学会融会贯通的阅读不容易，这必须是以深度阅读为基础，还要"瞻前顾后"，前后比对，必须生成独有的、属于阅读者的感悟，这才是一次真正有效的阅读。即使是阅读童话，对阅读主体的催化也是极为复杂的。而经典的价值就是催化读者，人人皆可从中自取营养，常读常新。只有阅读主体对作品深度介入，才有可能感到阅读的魅力。

这些问题的解决，起点是要有健康的阅读指导观，培育学生正确的阅读观。读书是人生不可或缺的，要舍得下功夫慢慢培育理念和习惯。阅读指导过程当中要最大程度尊重阅读者的主体个性，不要刻意追求标准答案，标准答案太伤胃口。应该允许个性化的解读，只要能自圆其说。没有标准答案有时候会有明显硬伤，这个不用过度担心，学生将来会有机会和能力自我修正。因为阅读过程当中，真正的主角是阅读主体，而不是作品，任务是阅读主体的成长变化，要得鱼而忘筌。要培育，就要慢慢来，从唤醒阅读主体开始，让学生尝到阅读的甜头，耐心培养阅读兴趣，逐渐进行有效的阅读积累，继而规划方向，让孩子明白为什么要读、为什么必须读、怎么读、先读什么、后读什么，以培养真正的读书人。这才是培养读书人的阳关大道。

我们会学习吗?

你能接受信息时代的挑战吗?
你怎样做家长?
"学习苦、苦学习"是天经地义的吗?
世界上有无愉快的、高效的学习方法?
我们每个人怎样才能学会产生新观点的简单方法?
你了解你的大脑是如何思考、如何记忆的吗?
怎样才能保持大脑的活力?
如果你的孩子仍是沿用老方法学习,知道这意味着什么吗?

一股热潮正在涌动——人们在关注着有关"学习"的问题。在中央电视台黄金时间,著名导演谢晋亲自出镜,为一本叫作《学习的革命》的书做宣传;1998年12月9日,北京的一批教育专家聚集在梅地亚会议厅,争相发表对学习的新见解；12月12日，在全国的四十几座城市，同时举办了"学习的革命"大型展览。

这些其实来得并不突然，这与整个的世界主潮是合拍的，也是多年来国内一直在酝酿的一个话题。这一潮流的到来是不以人的意志为转移的。

当"一个即时通信的时代、电脑的时代、没有经济疆界的世界、新型的服务性社会、合作时代……"即将到来的时候，一场温和的建设性的革命正在慢慢降临——这便是"学习的革命"。

信息时代的到来意味着什么？

信息时代的来临恐怕要击碎许多人田园式的生活格调，因为它意味着世界的飞速变化，意味着我们必须经历一场改革我们生活、交流、思维和发展方式的革命；这一时代，意味着信息技术占有基础地位，这自然便改变我们阅读、写作和计算的方式，使主动的、探索式的、个性化的学习成为可能；这还意味着，我们可以请到世界上最好的老师来教我们，还可以非常简单地把一群优秀教育专家的特长全集中到你的面前，无论地域，无论时间，只要你有台电脑。

总之，时代变了，学习方法的变化是别无选择的。

未来的劳动者所做的工作是机器人所不能做的。这就是说，将来人的工作需要有高度的智能；更进一步说，这样的劳动者必须是有着很强的学习能力的人。

不改造我们的学习，意味着对人脑资源的巨大浪费。

现代脑科学证明，大脑就像一个沉睡的巨人，是21世纪人类最重要的资源。大脑不但有不可思议的储存信息的能力，而且有一个相应的以新的方式重组信息——创造新的思想的能力。人类最重要的资源是我们的大脑。人脑由亿万个脑细胞构成，每个脑细胞就其形状而言就像最复杂的小章鱼。它有中心，有许多分支，每一个分支有许多连接点。每一个脑细胞都比今天地球上大多数的电脑强大和复杂多倍。每一个脑细胞与几万至几十万个脑细胞连接，它们来回不断地传送着信息。在亿万个脑细胞中，可能有1000亿个是活跃的神经细胞。每个神经细胞可以与其他细胞构成多至2万个连接。

以上这些新近十几年才有的发现，无疑将改变人类对自我的认识，尤其会改变对自身的希望程度和信任程度。展现在人类面前的是巨大的学习潜能，是更广阔美好的世界，我们的生活方式、学习方式、思维方式和创造方式将会改变。

我们必须改造我们的学习方法，提高学习的能力和效率，不然就意味着对脑资源的巨大浪费。

学习是可怕的吗？

就我们现在的实际学习状况而言，学习确实是可怕的。

国外的有关专家在调查人们对"学习"一词的情感认识时，10个概念被集中突出出来：枯燥、考试、家庭作业、浪费时间、惩罚、毫不相干、关晚学、令人厌恶、憎恨、恐惧。

这些几乎符合全世界的实际，只有程度上的差异。

在我国，学习的状况堪忧。在1998年12月12日北京"学习的革命"展览会上，展板上有这样一段话：

我们的孩子像一群羊，早晨被家长从家中赶到学校，晚上回到家中，锁起来等待明天。一天当中，孩子的粮食就是数学题、作文或化学公式，孩子的心灵就像一片荒芜的草原，除去自生自灭的一些野花外，没有任何美好的景象。

展览会还展出了一位家长的一段话：

女儿是一个中学生，她爱学习但不爱上学；在家里，她是一个小小童话家；在学校，她是一个小小应声虫；

在家里，她写自己的快乐；在学校，她写假装的快乐。

这两段话，一定程度上反映了一些学生学习的现状。正如中国教育科学研究院陈建翔博士所言，如果把学习当成了对立面，那么只有两种态度——取消，或是逃避。

如果学习是一种重负，如果学习只是为了让别的人高兴，如果学习成为扼杀童心、扭曲人格的凶手，那么学习是有悖于人性本身的，人类又何必苦苦被学习困扰呢？错了！这样肯定是错了，肯定是我们在某一环节上出现了根本性的失误。因为学习本身不应是这样的，我们为此唯一能做的是：改造我们的学习。

还有一个必须让我们关注的现状是，在变革的社会气氛下，有大量的人仍然认为学习只是学生的事，以为学习是主要发生在学校的事。

如果这一状况再继续下去，在不久的将来，一个相当大的群体就会被排斥在现代社会发展变化的气氛之外，成为多余的人，成为社会和文明的负担。

所以，我们不得不直面这场温和的、建设性的学习的革命正在慢慢降临的现实。同时，我们也需要它。就让我们振作精神，迎接它吧。

直面"学习的革命"

所谓"直面'学习的革命'",就是要毅然丢开一些旧的学习方法,大胆尝试一些新的学习手段,进而探讨一种与当代信息革命相吻合的学习方法和观念。正如英国的咨询家查尔斯·汉迪教授所说的,势不可当的变化速度要求"彻底地重新考虑我们的学习方法"。

让学习恢复本来面目,把趣味还给学习。

孔子说:"学而时习之,不亦说乎?"学习一度在中国是一件很快乐的事。从《论语》里师徒间无拘无束的玩笑和问答间,从学生们充满个性的表述间,从师徒相从游学野外的情景中,我们可以感到那种洋溢着个性、贯穿着积极向上的情感的学习,是多么让人意气风发,让现代人羡慕不已。

不知从何时起,中国人的学习便沉重起来。被古人称为学习楷模的苏秦,"头悬梁,锥刺股"的精神到现在还被人们所颂扬。常有单纯的孩子问老师,苏秦都困得没办法了,学习还会有高效率吗?就是让锥刺醒了也学不下去。再者,苏秦研究的是天下七国纷争的未定的大局,哪里会有现成的书让他这样勤奋一读就解决问题、茅塞顿开呢?这一故事大有后人附会演绎之嫌,恐怕目的还是哄小孩子少玩儿多学的。

从历史上看，把学习的目的定到科举考试、学而优则仕以后，学习就别无选择地沉重起来。如范进、孔乙己之类的学习，不沉重才怪。因为这样的学习容不得失败。也许从那时起，中国的学习就误入歧途了。

所以，中国人一提学习，便是"十年寒窗苦读"。这其中有读书人的多少屈辱和无奈。

其实，学习本身是件很愉快、很幸福的事情。学习应该是人的正常需要，应该伴随着发现的快乐，贯穿着探索的兴致，更应该常有创造的愉悦。想想吧，当头脑这个火把被点燃，其火焰该有多么灿烂。

那么，什么样的学习才会拥有这样的快乐呢？这可以从人类自己的历史中找到答案。一位正常的儿童，用不到两年的时间便可以轻松地学会说一种外语。这一现象给我们的启示是，在一个鼓励进行娱乐性探索的环境中，以愉快、兴奋的心情进行学习，是最有效的。新西兰作家戈登·德莱顿在《学习的革命》一书中说："任何人都可能更快地学习几乎一切东西——通常无论在什么地方都可以加快5—20倍……那些学习方法是简单、充满娱乐、常识性的，并且确实有效。"

"学习"本身最根本的任务应该是学会怎样学习，

学会怎样思维。这首先意味着了解你的大脑是怎样工作的，你的记忆是怎样工作的，你是怎样储存信息、找回信息，将它与其他概念相连并在你需要时马上查出新知识。

其实，最好的学习方法是简单的、充满乐趣的，即充分调动你的听觉、视觉、味觉、嗅觉、触觉来学习——像婴儿一样学习，一种顺其自然的学习。这是学习的本质性的方式，是人的天性所需求的。即要学会做自己的主人，做学习的主人，这意味着人的解放，学习的解放。

这样学习的高效率是可以得到解释的。因为这样的学习是在一种愉快的游戏的氛围下，充分调动了左脑和右脑，边缘系统中大脑的情感中心也加入了，而情感中心与长期记忆存储系统紧密相连，所学的东西就容易记住。

人们都认为著名科学家爱因斯坦是天才，他所取得的成就是一个奇迹。其实，爱因斯坦的幸运之处是他有一位伟大的母亲。《世界图书百科全书》里说："她的看法，在那个时代是与众不同的，那就是学习可以成为一个乐趣。她把教他变成一种游戏——她称之为探索令人兴奋的知识世界。男孩（爱因斯坦）一开始很惊讶，然后非常高兴。不久，他开始学得如此之快以至于他的母亲无法再教他了。"

可见，只为了某种考试的强化式的学习，是一种急功近利的、被扭曲了的学习。

如今，专家们在"学习应顺乎天性"观点的基础上，提出"个性化学习"的概念，即每个人的学习方式和方法应该是独具特色的。这也不是刻意求之，而是让人们要了解自己的学习类型。因为每个人都有一种学习类型，都有自己的长处。孔子主张"因材施教"，这是一个非常伟大的命题；今天我们应把这一命题的角色转换一下，使之成为"因材施学"。

这意味着要弄明白你适应什么类型的学习，你适合在哪一方面出成绩。这样，便有可能实现比一般的学习效率高出 5 倍的效率。这一点，已经在美国、新西兰的一些学校得到了证明。

人类已经发展出一种惊人的能力，能储存信息并能马上以各种不同形式把它展现给任何一人。这种能力会给商务、教育、家庭生活、就业、管理以及我们所习以为常的一切带来革命。全球电脑网络的发展将影响这个世界上的一切——即时通信时代的到来与我们每个人的生活密切相连。

如果你拥有一台上网电脑，你便可以漫游全球，在国际互联网上读免费的交互式课程；而且将有机会廉价获得世界上最优秀的教师的知识和世界上各种各样最重要的信息。

电子技术、国际互联网为与几乎地球上任何人进行即时通信提供了途径。第一个充分意识到这一力量并将其与新的学习技巧联系起来的国家就会在教育方面居于世界领先地位。

不在学习中充分利用即时电子通信，就会像我们的祖先中有人拒不使用钻木取火，不使用印刷术一样。

在我国，拥有电脑的人急剧增加。越来越多的人认识到电脑这一工具的重要性，而且已有相当一批人在利用电脑方面收获颇丰。

我们已经在一些方面落后于世界潮流，而信息时代为我们提供了超越的机遇。

邓小平同志曾说："计算机要从娃娃抓起。"多么有远见。我们这些不是"娃娃"的成年人也并不是与电脑无缘。这个时代变化太快，容不得我们"再等等看"。

好吧，让我们每一个真心想学习的人拥有一台电脑吧，它会让你变得更聪明，会让你的脑空间无数倍地加大，会让你的效率奇迹般地提高。

现代生活就是学习,学习是终身的

有一句老话:"活到老,学到老。"如果当初只是以一种精神鼓励人们学习的话,那么现在,这句话是我们唯一的选择。

不学习便无力应付每天纷纷涌来的信息,无法面对日新月异的知识更新和技术革命,便无法适应工作,更不能轻松地生活。

仅从我国目前的状况看,我们越来越不需要简单的重复劳动,我们需要的是富有创造性的劳动。这其实是与世界潮流相一致的。与信息革命相适应的只能是终身学习。因为我们再也无法再现通过一段时间的集中学习,获得可供一辈子享用的知识技能的温情历史,人生被分为学习阶段和工作阶段的时代已经结束。

学习不仅是工作或生存的需要,而且是快乐生活的需要,永远朝气蓬勃的需要。既然学习是幸福、快乐和美好的,既然学习充满了游戏般的愉悦和探索的乐趣,那么,我们没有理由不让这种感觉延伸到70岁、80岁……

我们现在有各级各类成人学校,有电视大学,也有下岗职工或在岗职工的职业培训,但这些还不够。学习不只是走进课堂、坐在屏幕前的被动接受,而是以多种形式发生在生活的各个方面。

高效率学习还有一些重要的秘诀。比如，要充满激情地学习，因为这样才能最大程度地激活脑细胞；要目标明确，因为明确了目的地，才容易找到通往终点的捷径；要从概貌（即整体认识）入手；善于在玩儿中学习，要善于利用潜意识。

总之，只要我们把关注点定位于改造我们的学习，那么前途是非常光明的，我们将会发现更加灿烂美丽的世界，我们会创造出乎意料的成绩。

家长，您的观念太重要

进行一次"学习的革命"，必须首先从家长入手。

家长首先应该改变"我是一个教育者"的陈旧观念。因为在这一观念的支配下，失败常常困扰着整个家庭，而失败的气氛又会导致孩子新的学习失败。我们应该向孩子学习，两代人共同成长。

在今天这个时代，孩子知道的不一定比大人少；在创造力方面，孩子表现得似乎更加出色；孩子至少没有成人的偏见，却拥有天然的学习方式和接受知识的最佳心态。树立向孩子学习的心态，是现代家长的一堂必修课。从另外一个角度而言，如果你不是真正赏识你的孩子，不是真心热情地鼓励孩子，那么你换来的是孩子低效率的学习。因为孩子的大脑很可能由于你的方式或情绪而关闭所有门窗，拒绝活跃。

如果有一天你真正开始向孩子学习了，将会意味着你的抱怨消失了，你的困惑不见了。

《学习的革命》中说："幼儿是他们自己最好的教育者，而父母是他们最好的启蒙老师。"

一个人的学习能力的50%是生命的头4年形成的，另外还有30%是在8岁前形成的。有关专家痛心地说："所有的孩子生来都是天才，但我们却在他们生命最初的6年磨灭他们的天资。"

让我们再一次强调以下道理：

家庭，是世界上最重要的教育机构。

家长，是孩子最主要的启蒙者。

家庭会成为我们越来越重要的学习中心。

温暖和情感是促使大脑健康发展的主要因素。若有了爱，再让孩子经历各种经验，这便是最有效的教育。你教孩子时，如果你和孩子都没有感到很愉快，那么就该停止，这说明你肯定做错了什么。

不仅仅是这些，作为家长只是设置了合适的学习环境并有了爱，这还不够，许许多多的育儿科学知识、技巧、方式等还需要家长们去创造性地学习和贯彻。如果说有一种最迫切需要开设的学校，那就是家长学校。

你是家长吗？那么你首先就应是个学习者。

目前我国家长素质的多层次、不平衡现象严重，家长教育任重而道远。我们不妨先从家长群体性的明显的偏见开始。例如，大量的家长认为孩子玩游戏会影响学习；大量的家长不考虑孩子的选择，因为不相信孩子的选择；许多家长把家庭当作学校课堂的延伸，逼孩子做没完没了的作业；甚至有的家长认为，只有学习数、理、化、语文等功课才是学习，其余可以忽略。

如果还有家长主张"棍棒之下出孝子"，主张"树大自然直"，那么这些家长也只好从零开始学习了。

让我们再明确一下"家长"这一概念的含义：

家长，意味着为教孩子而学习，意味着要向孩子学习，意味着有责任为孩子设置一个利于学习的环境，意味着帮助孩子培养个性化的学习方法，意味着对孩子最大幅度的尊重。

这个时代，还有比学习更重要的事吗？一个民族拥有什么也不如拥有智慧，那么未来的世纪之争将是学习能力上的较量。

什么是真正的科普状态？

我们已经非常重视科普了，没有一个国家像中国这样，政府直接出面，大张旗鼓地提倡科普。尤其出版界，在短短的几年内，有关科普的图书已形成相当规模。

但很不幸，在如此大规模的科普图书出版中，能被读者接受，并能下决心从微薄的收入中掏出一部分把书买下的，实在是太少太少了。而且，被接受的大部分科普图书是从国外引进的，如"第一推动"丛书、"哲人石"丛书、"科技大师佳作"系列等。国产科普图书除了少量优秀科普品牌外，似乎是剃头担子一头热。一拥而上，重复出版，内容单薄；形式呆板，粗制滥造，相当一部分是抄来抄去。即使有些读者在科普强有力的号召下，带着冲动盲目买下，也是翻翻就束之高阁，下决心"再也不上科普的当"——科普被次品坏了名声，不幸与乏味为伍。

我们遭遇了一个充满诱惑的时代。理性而有毅力地做一件事变得越来越困难。市场经济初期特有的急躁和极端功利主义，导致一窝蜂上马"科普"，似乎一科普就发达，就会财源滚滚。这样弄出来的肯定不是真正意义上的科普，相反却使人们对科普有了误解：一味地罗列知识、没完没了的百科全书，像一批又一批准备考试的辅导资料；还有那些故作神秘的无数种"十万个为什么"，似乎科普就是无数个标准答案。读者在"被科普"时，不由会想："难道我们遭遇到的考试还嫌少吗？"一见科普就心累！

这也难怪，我们开展大规模科普的条件与西方国家大不相同。发达国家的早期科普是自下而上，民间自发占主导地位，科学意识和科学思想很自然地渗透到了生活的各个方面，甚至渗透到了情感和文化之中。像凡尔纳的科幻小说系列、柯南道尔的福尔摩斯侦探系列等，似乎不是专门为科普而作，但是凡尔纳离奇的故事中充溢着激情的科学幻想，培养了那个时代的人们对科学的无限憧憬，也间接树立了科学精神以及大胆假设的科学方法；福尔摩斯一个又一个迷人的侦探传奇，无疑弘扬了细致观察和严密推理的科学思维方式。科普似乎在不知不觉中进行着。可以说，科普始终伴随着科学的发展脚步，也是一步一个脚印。科普很从容地渗透在文学、艺术、生活和工作之中，甚至民众有了自我科普的习惯；而科学工作者也总是对科普乐此不疲，愿意把自己的科学研究以有趣的、通俗易懂的方式介绍给民众。中国的科普是近几十年的事，大规模的科普推广还没有开展20年。科普行为的稚嫩是必然的，甚至对科普这一概念的理解还存在着一些偏差和误解。但是，面对如此迫切的任务，在短短的几十年内走完西方国家几百年走过的科普之路，最关键的是要理性地选择道路，不能原谅再走弯路。而我们的科普出版在一定程度上，正在走弯路。目前，在科普出版上有两个最突出的"症候"：上文所言，民众反映的内容单一、形式呆板、知识堆积式的"科普"是其一；不顾国情，貌似普及科学精神，以致曲高和寡，叫好不叫座，是其二。这其实是中国科普的表症。

中国科普的致命之处，实质上是中国科普与中国读者存在着感情隔膜。再往深里说，中国的科普作家对科普作品的感情投入还远远不足或者说有感情也不知如何投入。借用王国维论词的一个概念："隔"，中国科普"隔"得太严重了。想想看,《海底两万里》《昆虫记》《时间简史》《魔鬼出没的世界》等给多少青少年留下了终生难忘的印象,甚至许多人由此而萌发献身科学的志向。科普对于这个世界尤其对于中国,实在是太重要了。这是中国不可逾越的一段历史,早晚躲不过的一项作业,是必修课。也许,我们先应淡化那些被讨论得烂熟的科普的目的和伟大意义,暂时放一放抽象的科普、理性的科普,埋头去寻找创作科普的感觉。一头扎到科学世界中,献出自己的智慧、精力、情感。自己是否是一名合格的科普作家,先要看自己是否已被科学迷住。试看,史蒂芬·霍金、卡尔·萨根、理查德·费恩曼、保罗·埃尔德什、巴特·博克等科普大家,对科学该有多么迷恋。博克被称为执着的"推销银河系的人";费恩曼被称为一个撬开原子能工程保险柜、会敲巴西邦戈鼓的"科学顽童",他关于物理学的演讲曾令无数学生领悟到物理学的奥秘;而数学奇才埃尔德什则深情地说"我知道数字是美的,要是数字不美的话,那就没有什么是美的了","上帝有一本天书,在这本书里有所有数学定理的最好、最漂亮、最完美的证明"。他们的生命已与科学融为一体,以一种无与伦比的执着与激情,做着自己所迷恋的事业。这才是科普的真正状态。当读者或打开他们所著的科普书或听到他们用深情的语调演讲科学，马上就会被迷住。那是生命的魅力，是智慧的魅力，是科学的魅力。这正是中国的科普作家所缺少的。

语文课：我们能否从教材中"突围"？

语文学科最具人文情怀，由于教师反复"精"讲，一遍又一遍作业训练，语文学习却变成了一场苦役、一种生命的浪费。看着学生对语文学习欲说还"愁"，读着六年学习之后依然味同嚼蜡的学生作文，韩兴娥老师开始怀疑与审视"神圣不可侵犯"的教材，难道一册区区几万字的小学语文教材，就要耗去学生半年的学习时间？

韩兴娥和她的学生们的许多神奇之处也许只有身临其境才能最真切地体会到。2003年，潍坊市教科院教研员薛炳群去听课，学生们课堂上突出的表现让他连连惊呼："你们都是小天才！"听完课还没离开学校，他就收到了一份特殊的"礼物"——50多篇作文。这些在很短的时间里由那些很小的孩子写出来的作文，笔墨飘香，情感四溢，生动形象地记述了他刚刚听的这堂课。作为

"课堂上的重要人物",他也被进行了细致描绘。

一本现行教材教授一个学期,这是全国绝大多数学校撼之不动的定律,可是在这个教改实验中,韩老师只用两个星期就将一册语文教材教完了,而且不再布置任何与课文相关的作业,剩下的课堂时间她只是带领学生们一起到处搜罗图书,不停地"读、读、读"。

教改实验的效果如何呢?有人给韩兴娥班上的学生总结了两条:不怕考;读书很快乐,没有负担。

让大量阅读登堂入室

小学语文教学最主要的部分就是阅读教学。韩兴娥总结了阅读教学的两个极端:过于自由的阅读和过于不自由的阅读。对教材之外读物的阅读,如果过于放任自流,固然会导致效率低下,但如果让学生只读课本,也就是我们大家都习惯的教师教课本,学生学课本,测试考课本,用一个学期读十万字,学生和教师都心烦透顶,语文教学的高耗低效也会由此产生。

面对这两种极端,韩兴娥思索再三,决定采用中庸之道:在课堂上进行大量阅读教学。既保证阅读的数量又保证阅读的质量。

进行大量阅读实验,就要解决识字的问题。2000

年春天,韩兴娥在一本教育杂志上看到一则报道——日本汉字教育专家古井勋博士经过 14 年的潜心研究,最终发现:"默记汉字的能力,一年级学生最强,年级越高,逐年降低。"这一发现,无异于哥伦布发现了新大陆,韩兴娥睁大了眼睛:"人的生长、知识的获得都要遵循一定的规律,违背了规律,不注意儿童的生理特点,不遵循儿童的认知规律,错过了儿童识字最佳的'关键期',最后的结果,无论多么高明的老师也只能是束手无策,事倍而功半。"

遵从这种规律,2000 年秋天,韩兴娥经学校领导批准从一年级开始了教改实验。

韩兴娥在一年级教学中主要采用的是韵语识字。韵语识字虽然生字密度大,但不是孤立地、枯燥地进行识字,而是把生字放在具体的语言环境中进行理解性记忆,充分发挥"字义场"的优势效应。韵文短小精练,通俗有趣,朗朗上口,极易引发儿童的联想,较好地实现了音、形、义的有机结合。在整个教学过程中,学生始终处于兴奋愉悦、积极主动的良性学习状态,达到了识字快与兴趣浓的和谐统一。

韩兴娥在教学《审讯鼠贼》时,经历了五个由浅入深的过程。第一步是带领学生熟读韵文,简单理解:

"升堂审讯列罪状,一贯偷盗太疯狂。率领队伍逮鼠贼,勾结伙伴毁杂粮。"第二步是认读20多个生字。第三步认读用熟字拼凑的30多个生词。第四步认读用学过的字编写的6个句子。第五步读一读联系韵文内容编写的一段话。

在这一节课中,学生学习速度之快与质量之高令人惊讶。由于学生在一年级上学期用半年时间学了600字,下学期又轻松认读了900字,有此成果,也就不足为奇了。而且教学中将识字与阅读富有儿童情趣的故事情节融为一体,既调动学生认读积极性,也达到了事半功倍的效果。

一年级学生的注意力容易被外在的事物吸引,为了诱发与保持学生学习的兴趣,韩兴娥还经常性地给学生一点小小的物质奖励予以刺激。同时,隔段时间便给学生家长发贺信,真诚地赞扬学生的进步,并提出希望。在李国庆副校长的帮助下,韩兴娥仅仅在低年级就给学生家长发了几百封贺信或喜报。一年级上学期期末的家长会上,她建议家长利用过春节这一有利时机,让孩子在亲朋好友面前显示一下本领,从而让孩子体验刚入学半年就能认识600个常用字是多么的了不起。据家长反映,孩子自信心的树立与他们在众人面前认字、读书有很大的关系。

据高树军校长讲，韩兴娥所教的学生，二年级识字量达到2500字；三年级认识3000个常用字，完成小学阶段的识字教学任务；在小学阶段认识3500个常用字，达到九年义务教育阶段的识字要求。

在小学低、中年级学完所有教材

在早早地就打牢了阅读的基础识字能力后，韩兴娥便把重点放到了"解决"所有的教材身上。

由于低年级学生逻辑思维能力较差，阅读不宜在语意的理解上用力太多。但朗读就可以通过语调的轻重缓急、抑扬顿挫，淋漓尽致地表达感情，促发联想，激发兴趣。韩兴娥教学低年级课文的要求就是读熟。不是教师为主体的范读，而是学生作为读的主角。学生不是在一遍又一遍的齐读、指名读中"听"会的，而是自己"读"会的。

韩兴娥在逐句逐篇地听过学生朗读之后，从中选出读得多、读得熟的学生当"小老师"，并为之佩戴"小老师"证卡。小孩子都有争强好胜的特点，希望自己在大家面前一展为"师"者的风采，所以，都不遗余力地进行诵读训练，甚至在家里让父母听着诵读。于是，诵读的新秀层出不穷,"小老师"的队伍不断扩大,从而形成一个群体,使更多读不好的学生随时得到指导。

在集体学习和学生书面练习之外的所有时间,韩兴娥还允许学生随时离开座位找"小老师"检查辅导。这样做使全体学生都有参与学习、得到训练的机会。这样既有利于学生间的信息交流,提高沟通能力,培养合作精神;也有利于学生在集体学习中迸发智慧的火花,提高学习质量。

在低年级阶段,韩兴娥的学生轻松地通读了本年级的人教版教材,辽宁韵语教材,修订前的三、四年级人教版教材以及学校图书室里的《阅读文选》《拼音报》等。课堂阅读量就达50万字,相当于一般小学同年级学生阅读量的十多倍。

进入中年级之后,韩兴娥以两个多星期学一本教材的高速度教完了五、六年级语文教材。韩兴娥教学现行语文教材不求面面俱到,只求重点突破,可谓"弱水三千,只取一瓢饮"。这样,一个课时学习2—4篇课文轻而易举。先采取听录音、"开火车"(一人读一段)、自由读等多种形式朗读课文,然后教师或直奔中心提出问题,或点击难点释疑解惑。如教学第11册课文《桂林山水》时,只提"桂林的山、水各有什么特点"一个问题。学习 2000 多字的《狱中联欢》时，只提两个问题：课文中写了哪几个节目？如何理解课文的主要内容？

小学语文教材已经全部学完，其余课堂时间就将教学重点转移到课本以外作品的大量阅读上。于是，每一学期每个学生阅读 100 万字的大量阅读便在课堂之上拉开了帷幕。

韩兴娥的班级书架上的图书琳琅满目，但来源却并非一个渠道。有从学校借的，有学生从家拿来的，也有韩兴娥个人的藏书。为了让学生能有充分的时间阅读，韩兴娥从来不布置课外书面作业。但韩兴娥并不是对学生的阅读坐视不管，而是让学生在一定的时间内个人阅读某一本书，学生认为达到要求时再由老师抽查。阅读之前，提出严格要求：一是要有恰当的圈画批注，二是理解文章大意。要求学生"不动笔墨不读书"，可以在书上勾画，可以选择精彩片段写到读书笔记本上，并大体背诵，具体字数不限。她要每天检查学生的读书笔记和积累、背诵的情况，并根据积累的质量、数量给予学生适当的奖励。检查的过程同时是指导的过程。教师通过参与学生与文本的"对话"，引导学生明白哪些内容是应该积累的，哪些内容没有必要记忆。这样做训练了学生快速了解和筛选信息的能力。渐渐地，学生养成了认真阅读的习惯：拿到一本书，学生便自然地拿起笔边读边圈画批注，有时查查字典，有时翻翻前面看看后面，前后文联系起来思考。

在高年级诵读《中华上下五千年》

第一次听韩兴娥的课，记者的震动之大是始料不及的。她用的教材是《中华上下五千年》，教学哪篇课文不是早准备好的，而是让记者来当场指定。刚一上课，翻开这本多达60多万字的"教材"，才发现文章大多选自《史记》和《资治通鉴》，每一篇"课文"都是由一小段文言文和相关的白话历史资料两部分组成。记者随手一翻，是高中语文教材中的《鸿门宴》一文，于是就说，就教这一篇吧。说完之后，又于心惴惴，生怕自己的率意而为有可能造成这堂课的失败。但韩兴娥老师平静得如一潭波澜不惊的湖水，从容自若，她先让学生"开火车"读一遍，纠正了错误读音，然后便由学生自由朗读。不长时间，便要求学生背诵古文，并就文中的一些问题进行争辩。她提出一个问题，学生抢先发表个人意见，假如达不成共识就会引发争论，然后出现一个对几个、一组对一组，有时候会自然形成观点对立的辩论团队，各自引经据典，努力阐明己方的观点和意见，试图说服对方。学生的思辨欲望被激活了，她却成了旁观者。12分钟，教学任务完成。

据高树军校长讲，韩老师教学《中华上下五千年》271个故事时，是分两个阶段进行的：第一阶段只粗略地学习文言引文，准确掌握字音、句读，白话历史故事则完全由学生自己阅读。第二阶段要完成两个任务：一是进一步学习文言引文，使学生能够更加准确地、前后联系地理解文言文；二是使用多媒体设备出示一些练习，丰富学生的语言和历史知识。记者所听的课，属于第二阶段的学习内容。

高速大量阅读，使学生在低、中年级的阅读量分别达到了50万字和300万字。在实验班学生（五年级上学期）读书量调查中，读过上百本乃至几百本中外名著的学生已大有人在。

韩兴娥说，她很少命题作文，旨在让学生用自己手中的笔反映个性化的生活经历，使学生感到作文如衣食一样是不可缺少的，感到作文有用，并在实践中受用。学生养成了观察生活的习惯，也就拥有了取之不尽、用之不竭的作文素材。于是，他们成了热爱生活、时时处处关注生活的写作者。

但仅有写作素材并不能写好作文，关键是韩兴娥将大量阅读引进课堂。"腹有诗书"的孩子们也就有了"下笔如有神"的原动力。他们在大量阅读中所积累的丰富语言，在不知不觉中内化成了个人的文化素养，并自然而然地外化成写作时的妙语连珠、佳句迭出。古人云："胸藏万卷凭吞吐，笔有千钧任歙张。"四、五年级的学生，在40分钟内写出立意新颖、自然通畅的600字左右的习作，也就成了普遍现象，其中富有文采者也不再是个别现象。

不怕考和快乐阅读

韩兴娥用两周时间完成现行教材的教学任务，且不布置课外家庭作业，这不能不说是一个冒险的举动。因为当今人们衡量一个老师教学水平高下的重要标准，往往与考试成绩联系在一起。而考试内容，又多出自教材。如此匆忙地将教材学完，考试成绩难道能有保证吗？

可韩兴娥老师对此却胸有成竹。她说，大量阅读为语文学习奠定了基础，积累多了，考试就如小菜一碟。而死读课本不进行拓展学习者，一旦在考试中出现稍有难度的课外题，多是难以应答甚至不知所云。

赵丹同学告诉记者,在四年级的时候,他们就已学完了六年级的课本。语文、数学成绩全班都得了优秀;还考了六年级的卷子,平均分不比六年级的考生低多少。现在,他们已经学完了《中华上下五千年》,并且还打算把《三字经》《百家姓》《论语》等书也学完。

据张振东副校长讲,家长开始对孩子能否考好自然会有怀疑,可是一次一次的考试之后,孩子的成绩不但没有受到影响,反而稳中有升,他们也就心服口服了。特别是孩子由此对读书产生的特殊感情,又由读书而提升了文化素养,他们已经对韩老师心怀敬意了。

相当于现行教材阅读量10倍以上的教学内容,会不会加重学生的负担,又成了人们关注的一个焦点。这也是记者生疑之处,在采访学生时,便特别提到这个问题。但孩子们一脸的轻松,说这是大人们在杞人忧天。他们非但没有感到是一种负担,反而因为读书而有了一片阳光心态,有了主动的追求。

赵丹同学说,只要健康有益的书她都爱读。书本就像那沙漠里的绿洲,使她在迷茫中获得了希望;书本又像那明净蔚蓝的天空,任她自由翱翔;书本又如那高雅、幽静的世外桃源,使她心旷神怡,流连忘返。

陈晨同学在日记中写道:"茶余饭后,手握一本书,其味也香；枕边床头放上几本，古今多少事，上下五千年，尽在方寸之间。浩瀚书海，自己不过是沧海舟子。鲁迅、巴金、曹禺、曹雪芹、罗贯中……一个个灿若星辰的名字，照亮着我前行的路程。"

孙珧同学对祖国灿烂的文化情有独钟，她说，伏羲氏、燧人氏、神农氏点燃了人类智慧与文明的火花。从《诗经》至唐诗、宋词、明清小说，人类文明的火焰照亮了历史的长河。"四大发明"闪耀着祖先智慧的火花，"四大名著"凝结着人类文明的累累硕果……她就是在这些灿烂的文化中，享受幸福，不断成长的。

更有趣的是，有的同学还将所读过的及所了解的书目连缀成文，令老师与家长为之拍案称奇。比如魏榕同学"书名联串"——《大卫·科波菲尔》诞生在《呼啸山庄》，《母亲》的去世使他成了《雾都孤儿》，他在《童年》《在人间》《我的大学》经历了《罪与罚》，付出了《孤星血泪》，逐渐对这个《悲惨世界》产生了《傲慢与偏见》。后来，《堂吉诃德》成了他的《漂亮朋友》，他经历了《战争与和平》《红与黑》《阴谋与爱情》以后《复活》了……

高树军校长说，学生阅读量虽然非常大，但由于每读每新，每读都有兴趣，越读知识越丰富，所以，不是读得多了就增加了心理负担,而是读得少了做那些味同嚼蜡的作业成了负担。更为重要的是,学生由此养成了读书的习惯,为书香人生奠定了基础。

教材不应成为语文教学的紧箍咒

潍坊市教科院薛炳群在总结韩兴娥的语文教改经验时说:"她抓住了语文学习的精髓,那就是读读背背,背背读读,学生只要养成了读书的习惯,积累了丰富的词汇,学好语文也就顺理成章了。"

《语文课程标准》特别强调要加强阅读,而韩兴娥的课正是"以读为本",让学生通过读达到对语言的理解、品味和积累,获得情感的熏陶。

韩兴娥的教改实践在某种程度上其实也是对我们使用教材思想的一种改革。我们长久地"以教材为本",而忘记了这其后真正的理念应该是"以读为本"。在这种"以教材为本"的错误理解之下,我们的语文教学变得越来越乏味无能,教材也由此成了语文教学的紧箍咒,成了给语文教师们划定的狭窄的圈子。

一位老师就曾在网上如此表白:"老师的视野总也望不到教材之外的富饶的土地,于是一个学期的教学就只是局限于几百个生字,三十篇课文。学习了这些知识任务就完成了，就万事大吉了。在一种固定的思维的约束下，我们沿着一种固定的轨迹运行，从来没有想到要脱离这个轨道，因为连这种意识也没有，所以我们目之所及才总是方寸之地。语文应该何去何从？在语文质朴的面貌中，如何才能让它的工具性真正发挥工具的作用？语文当为语文突围，从听说读写开始，老师当以一种研究者的姿态深入语文，以一个领航人的身份与学生一起乘风破浪。让我们的学生在五年或六年的小学毕业后能够流利地运用母语来说、写，能够准确地把握别人说话的大意，能够初步体会到语言文字表达的意境之美。韩兴娥老师引导学生提前识字，大量阅读，两周教完一本教材，而学生的语文素养却全面发展。实验成功的大胆批判精神与课堂教学重构为我们小学语文老师指出了一条教学研究的光明之路。"

韩兴娥真正实践了著名教育家叶圣陶先生提出的"教材无非是个例子"的思想，她的经验值得借鉴和学习。

推荐图书的正道

《中国教育报·读书周刊》曾发表过李镇西老师的一篇小文章《你凭什么让我必读》，批评"必读书目"漫天飞的现象。现在"必读书目"似乎收敛多了。

"必读"之说有强权、霸道之嫌，"推荐"有点服务的意思了。人家费半天力气，查了很多资料，思考半晌，又一一打成文字——这确实需要热心人的心血投入。

对于图书信息缺乏、判断力还不够成熟的学生来说，给他们推荐图书要慎重。作为推荐人不能人云亦云，至少要亲自读一读，读了感觉实在好，你再考虑推荐。

当然，没有尽善尽美的推荐书目，也没有标准答案。倒可以提倡有个性特色。

推荐书目最易犯的错误是面面俱到、结构庞大，一下子想解决好几年甚至十几年、一辈子的读书问题。辛辛苦苦修筑了一座大山，可能会无人光顾。常见推荐人志向远大、热情高涨，却有点心急。学生们见到这座大山，身边又有游戏机、手机诱惑着，谁傻乎乎爬山啊。结果学生们一提书就怵，索性与书分道扬镳，岂不是南辕北辙？

　　这令我想起饭馆的菜谱。美食家们打开菜谱一看，哎呀，川鲁粤淮湘京贵沪，什么菜系都有，反而会令人起疑：这馆子恐怕什么菜也不地道。如果推荐书目把一些人云亦云的书目，甚至自己没读过或读了没有感觉的书目都一股脑儿放进去，恐怕推荐的有效性就值得怀疑了。

　　术业有专攻，推荐书目不是语文老师的专利。不妨让每一学科的老师都参与推荐，让各种特色的"饭馆"都高质量地开起来，让推荐的每一道"菜"都别有风味，推荐的效果可能更有保证。再者，一次性推荐不要太多，略有饥饿的状态更好——读书如品美食。只要不停地阅读，自会积少成多。这才是推荐的正道。

第三辑　经典阅读之痛点

【按语】

阅读经典是不由分说的事，传承文明、人的成长、社会治理等，都需要阅读经典，这也是多数人的共识。但阅读经典却不简单，更不是一读就灵，也非读罢即万事大吉。欲寻一种合适的经典阅读之路径，古今中外都不是件容易事。故而，阅读经典，痛点不少。本辑试图"针灸"这些痛点，希望阅读经典走上正途。

经典被切碎后

"读经典简直是噩梦!"这是一些孩子的感叹。因为每次老师布置读经典,接下来肯定是写读书笔记、大量记忆、考试、挨训斥、品尝沮丧。再加上稀奇古怪的考题,读经典简直如履薄冰。对此,一位学者语出惊人——这是向经典名著里撒砒霜,是一种反经典式阅读。

听过《歪批三国》吧,那叫幽默;

看过《大话西游》吧,时称情幻;

见过"尸解西游"吗?闻者惊呼"见鬼"!

朋友的儿子在北京某著名大学附中上初一。一天,笔者无意中见识到了他们整个初一年级测试阅读《西游记》的试题,叹为观止。孩子说,测试成绩计入平时成绩,这次考"惨"了。且看:

猪八戒的耙子几个齿?

孙悟空毁掉人参果树后,是被扒皮?还是油炸?还是被棍打？

某某菩萨的坐骑是什么？

某某洞里住着什么妖怪？

从书中抽出一句诗，请问下句是？

这样总共一百题。笔者被孩子当场测试，我这个古代文学的硕士"被考"得哑口无言，突然有上气不接下气的感觉；直到孩子说"你也不过如此"，笔者才醒过神来：真是"世道"变了啊！"是一次《西游记》知识游戏活动吧？"笔者问。孩子说："不是！给你说了，是计入成绩的考试。老师已经准备考《天龙八部》了。"

这是脑筋急转弯吗？不像！是语文测试？肯定不是，尽管是语文课上考的。是社会知识？更不是，哪有这样的社会啊。更不像历史知识，因为妖怪和神仙们的岁数是一笔糊涂账。反正是一种"知识"，而且要算成绩。

这真是一种折磨人的"知识"啊，多年前读《西游记》时，这些"知识"都擦眼即过。如果过度关注这些"劳什子"，会被老师呵斥。但现在却一本正经地被测考了。

几年前，听说过经典在课堂上被肢解的事情。批评说，这样肢解经典，会减弱经典的魅力，会导致学生疏远经典。当时笔者想，那肯定会有个别老师不知道经典该怎么讲读，只好拆开来说，老师逐渐有了经验，自会改良经典阅读课堂。不料，"读经典"已进步如此，实在跨度太大。

听说，该校初一年级共有9个班，这是他们的必考题。估计考完后，孩子们该对经典有"清醒的认识了"。

"读经典简直是噩梦！"这叹出了多少孩子的辛酸和无奈啊。经典岂不成了"万人恨"？

在此，我们不能怀疑老师们的责任心。他们认真出题，印刷试卷，一一批阅，登记考分，该有多么辛苦。我们只能怀疑所考知识是门不知何名的新学科。因为，这与经典所承载的文化几乎无关，与有效的知识和思想积累无关，也与思维能力的培养无关。

这样的阅读测试，至少向孩子们宣示了读经典的"唯一正确方法"："这样读经典才能应对考试"，会指引孩子的眼光专盯经典名著的这些重要"考点"，不然则是无效阅读。

这样的阅读指引，把经典的所有魅力都颠覆得一塌糊涂，阅读过程几乎如受酷刑。一道美味大菜，让你把所用佐料一一品尝，你只会品尝到太咸、太酸、太辣、太腻，就是不可能享受到美味。

吴承恩也许某一天会被气得"醒"来。如果这样肢解《天龙八部》，不知道当时金庸先生的心脏和血压能不能扛得住。

笔者曾满怀理想地阐述道："读经典就是在与大师们对话，大师们的智慧就会在对话过程中渗透到学子们的头脑中；优秀文化传承的最佳手段就是让学子们读经典；学子们不读经典，人文修养就难以过关，他们的成长就让人不放心。"可是，如果按这份考卷的标准肢解经典，经典成一堆垃圾矣！

近年来，在"读经典名著，传优秀文化"的大声吆喝下，中小学确实在如火如荼地推广"读经典"运动，在缺少真正内行的用心引导下，"读经典"成了学生们不由分说必须咽下的一块干粮。这种干涩的吞咽，大伤孩子们的阅读胃口，读经典几乎等于噩梦，那么这样的运动除了带来一声叹息，还会带来什么呢？

在此，我们斗胆问一句：学生有没有选择"不读经典名著"的权利？至少有些经典名著并不适合未成年人阅读。包括《水浒传》《三国演义》《红楼梦》，也是存在争议的；外国经典中也有不少不适合当下阅读能力并不理想、是非鉴别能力尚未成熟的孩子们。因为只要是经典，就要深刻地呈现现实，有些书中所呈现的现实对于某些免疫力欠缺的未成年人来说是危险的。

更可怕的是，经典正以某种方式被异化或被妖魔化，以至于学子们一听经典就怵。如果面对经典，学子们又要去分析主题思想、段落大意、写作特点、人物形象，读完了还要写该死的读后感，这就坏了学子们的胃口。这种把本来失败的课堂又进一步延伸的课外经典阅读，无意中为经典化了妆——面目可憎的一群妖魔。

一位老师曾这样反思过：现今的很多学者和语文老师，大都接受过正统的学院式教育，高楼深院中对经典的膜拜及相应的学术训练，培养了他们的唯经典主义，养成了他们精英主义的自恋，并与大众文化的阅读趣味拉远了距离，似乎"与大师对话""净化自己的灵魂""培养高尚的审美趣味"成为课外阅读的唯一目的。"然而，老师们一厢情愿的布道与劝谕，并不能改变学生对经典日甚一日的疏离与冷漠。"

笔者不能完全认同这位老师的反思，但至少可以让我们思考这样一些问题：经典就是标准吗？经典的都是非大众的吗？读书非要承载这么多的东西吗？

有了这些疑问，我们似乎变得有些轻松：既然有些甚至是很多经典不是非读不可，既然经典不一定是标准，那么至少有些经典不读也就没那么可怕，有些经典没按照老师的"标准"去读也不太要紧，有些经典不妨缓缓再读。

其实，我们无须站在学者、老师、家长或别的什么人的立场上，只需站在学生的立场，把他们作为一个独立的个体生命，把学习时代作为一个重要的生活阶段，在这样的前提下再谈读书；如果我们能够宽容些，不给学子们读经典设置那么多标准、布置那么多作业，没有那么多重大意义和功利目的，让学子们从容、放松地读经典；不喜欢这种经典，就再换一种；不喜欢读的段落就跳过去，挑喜欢的段落读；写不好读后感就说一说、问一问，关键要有所感。这样做很严重吗？这样，也许才是课外阅读的本来面目，至少可使学生们不憎恶经典，反而亲近了某些经典，说不定从中找到感觉而跨过门槛进入经典的院落。学子们也许因此找到机会逐渐建立自己的读书思维和心理体系，自己学会去选择和认识。无论以何种方式，达到何种层次，只要用心、投入地读了，就是"有效阅读"。让阅读有些弹性，又何必用"必读"去命令，你凭什么让人家必读？

推动阅读经典：粗放"饲养"难保效果

当前，经典主义阅读观应该是主流阅读观之一——其基本观点是：经典是人类文明的结晶，读经典就是传承文明。

这种阅读观可谓源远流长，影响深远，被古今中外广为接受。在中国古代就有漫长的读经历史，以"四书五经"为主；英国早期的贵族学校，也强调读经典，设有必读书目；上个世纪中期，美国的哲学家、教育家艾德勒发现美国的青少年学生存在明显的阅读缺陷，认为这是学校教育的"严重失败"，于1946年策划了"名著计划"，并编著《西方世界的伟大著作》(*Great Books of the Western World*，54卷，1954，1990年重新修订)，以及《六种伟大思想》，有力地推动了这项计划。

我们现在的读经典，其实是这种传统的衍化。当然，当下的读经典与古人的读经不完全是一回事。

这种阅读观的积极意义毋庸置疑，但推进难度也不小。据中国儿童青少年中文分级阅读标准研制及应用研究项目组2024年2月发布的《中国儿童青少年阅读现状及需求》报告，超过八成的孩子认为自己在阅读时存在的困扰中，排名第一的是"不知道怎么选适合自己的书"，排第二的是"不知道读书的方法"。这还都是一些初级问题，从本质上说是缺少阅读积累，更缺少阅读方法的积累；可能还有更隐蔽或更深层的问题，比如阅读主体尚未得到激活，或还在寻找"标准答案"，不知为何要读，等等。

造成这种状态的根源比较复杂，例如，长期以"饲养"的粗放方式推进经典阅读，可能并不少见：把一摞经典往学生面前一放——读去吧，到时候考试。很多情况下孩子们读经典的"磁场"有点别扭，战战兢兢、如履薄冰，平时活泼泼的少男少女们，在这样的氛围中畏首畏尾，不知所措。

推广阅读经典既然是长期的、系统性工程，就要做周密规划，有条不紊地推进。

第一，经典主义阅读观的真正实施，需要方法铺路。经典不是消费读物，读懂经典本是有难度的，需要给予方法上的指导。可问题恰恰是,指导者也缺少这方面的训练。《中国儿童青少年阅读现状及需求》报告指出,96.9%的小学语文教师、98%的初中语文教师在指导学生课外阅读方面存在困难。这其实是历史欠债。

看来,只是一味地硬攻经典,效果不一定有保证。我们还是要面对现实,对培养阅读者这一事业做一些系统性、基础性建设,细细梳理一下存在的问题。

艾德勒为了推进经典阅读工程,亲自撰写了专著《如何阅读一本书》(*How to Read a Book*,1940,1972年重新修订),对读书的方法做了系统性阐述。想必当年他也是遇到了类似的问题。我们也应该请有志之士挺身而出,做这些基础性的工作。须知,没有基础,即没有一切。我们不妨从培训指导者开始。

第二,读经典中,指导者须调动孩子们的阅读主动性。没有阅读主体的解放,就没有阅读的主动性,孩子们在这一过程中也只是个客人,对主人的一切只需接受而已。艾德勒认为,阅读本身是一种主动性行为。没有主动性,就不会发生阅读。调动阅读者的主动性,唤醒阅读主体,是阅读指导者有效指导的重要标志,也是成功培养读书人的关键。笔者曾听过钱梦龙老师的一堂语文课,在钱老师的引导和鼓励下,一篇晦涩难读的经典作品，几乎完全靠学生自己完成解读，整个过程，孩子主体活跃，能动性强烈，充满自信，收获满满。可以想象，他们期待下次的经典阅读。

第三，这一过程中，指导者要引导阅读者对经典进行审辨性梳理。这一阶段最为艰难。古人读经，是以经为准绳，从经中窥见圣贤之心，以追比圣贤。今天读经典，目的是立德树人，要培养新时代有独立思考能力的、能够担当时代重任的接班人。目的都是对人的改造，这要确实把经典之精微输入心灵成为营养，需要指导者与孩子们反复碰撞，将经典掰开揉碎，反复咀嚼。这是在激活阅读主体基础上，强壮主体的必要一步。这一环节有个关键点，就是怀疑精神的培养。怀疑精神不是简单否定，而是阅读主体以逻辑常理为工具进行自主判断的过程，这也是古代圣贤一贯坚持的原则，所谓"尽信书不如无书"。如果说读经典还有一点点风险的话，就是盲目相信经典的权威性，未加审辨地迷信，这会妨碍阅读者的主动性发挥，削弱这一过程中阅读主体的地位。指导者有必要引导孩子们对经典进行梳理、推衍、追问、审辨，在清除阅读障碍的前提下，尽量让孩子们作出独立判断，防止囫囵吞枣、食古不化，阻碍思想的发育。这一使命任重而道远，对指导者来说，无疑是个历史性考验。

总之,阅读是需要训练的,也是需要指导的。只是认字不见得会阅读。确有少数孩子,语言天赋好、悟性高,一旦认识一部分字,就可以大概读懂一些文章。大多数孩子还是要通过阅读训练来提高阅读能力,要有相当的积累,才能达到自由阅读。

在阅读能力养成的初期,须小心谨慎维护孩子的阅读兴趣,下大力气培育阅读自信。"我想读"的冲动,见了书有亲近感,是一个阅读者最重要的品质。对此,指导者一定要有足够的敏感和耐心。激活阅读的主动性是培养阅读者的关键,也是难点。指导者要储备各种方式的阅读台阶,随时准备鼓励,让阅读者拾级而上。不管每次读了什么,要让孩子们都感觉有满满的收获。

今天怎样设计"成长书单"?

引 子

在"必读书目"漫天飞的今天,又拈出个"成长书目",岂不再惹学子们厌憎?

既称作"成长书单",就像成长所需要的粮食一样,是精神上的"成长粮食",即使又惹憎恶,也得硬着头皮做下去。而我们探讨"成长书单",其实也是因为"必读书目"漫天飞的混战局面而挺身"澄清万里埃"。但这不是个空洞的理想化的书目,而是特指有可能实现并真正能成为成长营养的书单。

学者们说,经典是必须读的,这是继承优秀文化传统的必由之路。但学生们偏偏对读经典头疼:饶了我吧!经典与我何干?有的学生更振振有词:所谓经典所写的内容,大都与现实相距太远,内容太过陈旧,读起来无趣。"没劲儿""絮叨""长得没边""看不懂""太过正经",甚至"无聊",这些词毫不吝惜地赐给了经典们。"必读书目"岂不是一纸空文?

老师们苦口婆心劝导:不读经典,作文怎能写好?考试怎能考好?有的学生听话,上套了,根据考试经验和写作文的需求,开始肢解名著。读经典名著成了"世界上最味同嚼蜡的事"。那么,"成长书单"还选不选经典名著呢?

另一方面,在厕所里、在吃饭时、在课间或自习时间,甚至在课堂上,"地下阅读"在顽强地进行着。武侠、言情小说,卡通漫画,网络快餐,以及时下风头正健的网红作家们的作品,在"地下阅读"中轮番登场。即使家长们、老师们围追堵截,也收效甚微。也怪了,这类书只要被某位同学发现,马上即成燎原之势,发现者在班中地位因此大增。那么,"成长书单"该不该把"地下阅读"的书目圈进来呢?

还有,当代文坛的名家名著选不选?这些作品说不定若干年后也是久经考验的经典名著啊。

话说到这里有点泄气——说不下去了:经典,学子们不读;学子们愿读的,学者、老师、家长都排斥。这道题似乎无解了。

"礼失求诸野",这道题的唯一解法是到阅读现场做调查研究,具体分析阅读真相,听听这件事的真正主角怎么说。

宽容是一味高效药

在许多学校采访,常听到学生们这样抱怨:

"我愿读《三个火枪手》《水浒传》《三国演义》《射雕英雄传》等,对老师推荐的其余名著不想读,太费劲。"

"最讨厌写读后感,一说写读后感,我宁愿不读任何书。"

"实在是没有时间,只好看短的。"

"总是看不明白,看半天不知这书想说什么,到底主题思想是什么?写作特点也不好总结。"

学者专家们推出的"必读书目"确以经典为主。他们认为,读经典就是在与大师们对话,大师们的智慧就会在对话过程中渗透到学子们的头脑中;优秀文化传承的最佳手段就是让学子们读经典;学子们不读经典,人文修养就难以过关,他们的成长就让人不放心。毋庸置疑,这些都是至理名言。问题是,无论你说什么,学子们就是进不了这个门。肉有多香,吃进了嘴的才是肉。

没有实施的"必读书目",也只是理想。

按说,经典本身是有魅力的,只要学子们去读了,就可能会被吸引,就可能进入。但恰恰是门槛太高,缺少台阶,缺少引导,只推给学子们一个令人头疼的经典书目和一些抽象的伟大意义,这是吓跑他们的原因之一。有例为证,学子们并不是排斥所有的经典,《三个火枪手》《水浒传》《三国演义》等也是经典,这些经典在他们的心灵中很自然地就引起了共鸣。这说明,学子们不需辅导,一步就可以踏上这个坡度,因为这些最接近他们的兴奋点。而其余的经典名著,也许需要有人修修台阶,甚至先要以某种手段进行导读。千万别囫囵吞枣地把一大堆名著不分青红皂白压给学生——今天的学子们都被压怕了。而事实上,那些推荐书目只是作为书目而存在着,并没真正转化为"成长书单",中间的工作没人做。

再者说,并不是所有的经典名著都适合未成年人阅读,包括《水浒传》《三国演义》《红楼梦》,也是存在争议的;外国名著中也有不少不适合当下阅读能力并不理想、是非鉴别能力未必及格的未成年读者们。因为只要是名著,就要客观地、立体地呈现现实,有些书中所呈现的现实对于某些"免疫力"欠缺的未成年人来说是危险的。

　　我们有必要思考这样一些问题：经典就是标准吗？经典的都是非大众的吗？读书非要承载这么多的东西吗？

　　其实有些名著不是非读不可，至少有些名著不读也就没那么可怕，有些名著没按照老师的"标准"去读也不太要紧，有些名著不妨缓缓再读。这样说来，读名著的话题，岂不是不那么剑拔弩张？

　　如果我们能够宽容些，不给学子们读名著设置那么多标准、布置那么多作业，没有那么多重大意义和功利目的，让学子们从容、放松地读名著；不喜欢这种名著，就再换一种；不喜欢读的段落就跳过去，挑喜欢的段落读；写不好读后感就说一说、问一问，关键要有所感。这样，也许才是课外阅读的本来面目，至少可使学生们不憎恶名著，反而亲近了某些名著，说不定从中找到感觉而跨过门槛进入名著的院落。学子们也许因此找到机会逐渐建立自己的读书思维和心理体系，自己学会去选择和认识。无论以何种方式，达到何种层次，只要读了，就会对成长起作用，这些书就真正进入了学子们的"成长书单"。这样做其实是最务实的办法。

经典是条流动的河

有学生问：

"经典的是否都是过去的？"

"经典是否会永远是经典？"

"最想看当代作家写现实生活的作品，特别吸引人。但爸妈说这不适合学生看。"

"当代有无经典？我们该不该阅读当代作品？"

当代优秀作品，对生活在校园中的学生们，其阅读价值不可低估。如果只沉浸在老经典的时代，无视现实多彩生动的生活，与现实世界始终隔膜着，这未必对他们的成长有利。当代作品更容易引起未成年人的共鸣，从而能更大效果地释放自己的生存压力，而且其中的一些人生智慧更易学以致用。这么说，"成长书单"中本该有相当含量的当代作品。事实上，我国的一些优秀作家的成功作品在某些国家上了必读书目，奇怪的是，我国的专家学者们的"必读书目"中当代本民族的书较少，家长和老师也并不欢迎孩子们去读这些"把握不住"的东西。不提倡读当代，这也许是中国的独特之处，也是中国孩子的一个巨大遗憾。

诚然，当代作品中有许多"少儿不宜"的。除了这些原因,更重要的是这些还没有被确定为"经典名著"。没有这个"头衔",就等于没有买保险,让未成年人读了岂不冒很大风险?

这里,笔者不得不又出风头拈出一个新词:带菌阅读。不管专家学者们、老师家长们怎样过滤,所提供的读物不可能达到无菌状态,即使经典名著中,也总有"带菌"的,包括《安徒生童话》、《格林童话》、中国"古典四大名著"无不"带菌",索性正视"带菌阅读"这个现实。也许只有带菌阅读,才能培养抵抗力——前提是要有人引导,因为实在有必要冒这个"险"。当然,这并不是主张对当代作品不加过滤地甩给未成年人,而是要持宽容胸怀,尽量多地给未成年人接触当代作品的机会。

经典并不为过去所垄断,经典是一种素质,一种气度,一种魅力,一种永不凋落的真诚和善良,一种彻骨的美丽。它让无数的人感到生命的美,感到快乐,令生活厚重、深刻、多彩;让人们摆脱平庸、苍白、无聊、慵懒,而变得生动起来。如果具备这些潜质,时间不该是问题。这就是说,当代的某些作品中也有经典。阅读这些经典,比阅读过去的经典更重要。要鼓励学子们用自己的眼睛去发现经典,只有发现了,才真正感到了,经典才真正成为他们的"成长书单"。

经典是条流动的河,不断会有新水注入,这是发展的必然。我们同样处在经典描绘的时代,同样在生产着经典——我们活在经典之中,关键要有双发现经典的慧眼,而且要有与经典同在的追求:这是阅读经典的真谛所在。

有没有"标准"的"成长书单"?

我们需要一个"标准"的"成长书单"吗?"标准"的"成长书单"有没有?假如有现成的标准书单,事情不就很简单了吗?

旧时欧洲某些国家的贵族和中国的某些古老的世家,为了维护家庭的尊贵,为了贵族的文化血统能够得以延续,或许曾有过家传的书单。但这些书单某种程度地受到了这些家族后代的抵制,而且也没有让什么东西延续下来。看来没有一成不变的"标准成长书单"。

从过来人的"成长书单"看,每个人都各不相同;好像也没有在成长之初把"成长书单"定好,然后照此办理的。即使有些家庭这样做了,也执行不了;即使执行了,孩子也不一定就按事先设定的成长轨迹发展。

笔者认为,"成长书单"应是开放的、有弹性的,具有个性化特征,并应有现实针对性。

如果成千上万的未成年人，都按着一个书目读书，这并不是什么好事。学生应根据自己的兴趣、基础和现实状况来选择。尤其应根据学生所面临的问题来选择图书，这样至少可以让学生尽快进入书中。例如，一些有些胆怯的学生，可以选读一些书写勇敢的图书，使他们通过读书来体验勇敢；一些面临早恋的孩子，最易排斥别人的规劝，但对自己喜欢读的图书却是信任的，甚至去模仿书中所言。

"成长书单"应是随着成长过程而逐渐建立起来的，老师和专家的推荐只在其中起了部分作用。有时，同学之间的推荐会比老师和家长的推荐更有效。实际上，每个学生的"成长书单"归根结底是他自己最后选定的。它应该体现出孩子们成长的精神历程。

事先指定是一种画地为牢的僵化手段。即使有部分优秀经典需要未成年人大面积"必读"，那也要把范围缩了再缩，把空间让给学生，把自由还给学生。让他们自己选择，意味着他们要擦亮眼睛，用自己的心去发现。每一次发现，都是一次心灵的闪光。当然这始终离不开老师们的指导和帮助。

这种选择的自由，是培养个性的土壤，是使未成年人拥有个性化成长环境的必要因素。如果这种自由被剥夺，将意味着所有的推荐书目都会受到消极抵制。这种自由选择的长年积累，本身就是成长。

随之而带来的问题，就是在本文开头所提到的问题：拒不读经典，专心读"快餐"。其实这没什么可怕的。经过过滤的、精心制作的快餐也未必没有营养，至少可以是阅读者有效宣泄压力的途径，也是了解现实社会的有效办法。在如此大的学习压力之下，如此紧张的时间，能按时读"快餐"已属不易。

让学生们读经典的办法还是有的，建议首先在小范围内创设有关经典的话语环境，例如经常引用经典的内容和语句，经常用经典中的精彩之处启发他们，从而让他们亲近经典，产生主动阅读的愿望。千万注意，读经典时让孩子们放开读、大胆想，别设计一些愚蠢的问题和作业。对于读出水平的学生，要给予展现、交流的机会。如果读名著只是个作业，那么名著很可能进入不了孩子们的"成长书单"。只有真正用名著中的智慧点燃了孩子们的心灵，孩子们才会用心去读，名著才会滋养孩子们的成长。

当然，老师有效的指导和帮助在"成长书单"中是非常必要的，这同样需要专业水平，老师要专门进行阅读指导的研究。但老师要站准立场，别越俎代庖，别拔苗助长，别急功近利。

结　语

作家余华有一句话：作为一个作家他是否优秀，取决于他作为一个读者是否优秀。

书目是死的，读者是活的，有了现实中的人的参与，书变生动起来，被注入了新的生命。同一本书，不同的读者有不同的读法，有不同的感悟，也就有不同的成长轨迹。

帮助未成年人做一名优秀的读者，首先应培养阅读兴趣，养成阅读习惯，提供阅读空间和机会。过高的考试压力，被考试积压的狭窄的空间，并不容易容下一颗读书的心。当学生们的阅读兴趣尚在萌芽中的时候，现实已无数次地在试图扼杀它了。他们生存的话语环境铸就的逻辑就是分数决定论，他们群体中的英雄是拿到高分的人。孩子们谁也不愿意冒着被同龄人、被老师和家长冷落的危险去读书。现实给他们的直接命令是"必须考好"，即使他们想违抗这些命令去读些想读的书，也必须把每天没完没了的作业做完。当务之急不是设计什么书单，而是拓展阅读可能。事实证明，大面积的未成年人阅读能力差得令人难以理解——他们根本不会读书。

贾平凹说，读书有福。但对于不会读书的人来说，拿到书就头疼，这个福他们享不了。在本文的结尾，我们本该对"成长书单"做一个结语，却不得不面对现实，呼吁先给孩子们读书所必需的时间，先给他们一个可能读书的心境。这是最最基本的。

凡有所学，皆成性格

2001年6月的一个下午，我参加了由广西教育出版社组织的为《新语文读本》提意见的座谈会，参会的有南宁二中、南宁三中等几所中学的学生，还有《新语文读本》编委会的成员。

《新语文读本》是由资深语文教育专家、语感论专家、浙江师范大学教授王尚文主编的，以语感理论以及"对话"理论（即打破时空，与思想大师和语言大师进行精神对话）为编写原则，力求培养学生的语用能力、语感修养及人文精神。选文标准为"民族的、现代的、世界的、人类的经典作品"，其所选绝大多数篇目是现行教材中所没有的，内容新鲜，贴近中学生思维发展实际，较易为青少年接受并激发他们的阅读兴趣。

中学生们的"攻击"

通过听中学生们的发言我发现,尽管他们考试的压力很大,但仍有很强的阅读欲望,有些同学的阅读面很广博,思路敏捷,发言掷地有声。但是,中学生们并不完全买这些专家教授的账,甚至对某些地方进行了"攻击"。专家们半喜半忧地说,有些"攻击"真的很精彩,然而有些话需要认真研究研究。

初中生说,为什么不选爱情题材的作品?学生们在肯定《新语文读本》一系列优点的同时,指出这套书编选面还是窄了。例如,中学生正值青春期,对爱情有极大的兴趣。初中生们说,对于爱情,如果没有美的、正面的引导,丑的、不健康的误导就会乘虚而入。但这套书还是避开了爱情的内容。这一问题被初中生反复提及。其实,关于爱情的内容在高中部分才真正涉猎,看来初中生们有些着急了。但有几位高中生,却对高中部分并不过量的有关爱情的内容提出质问:"为什么要选那么多爱情的文章?真不理解。"

另外,同学们大多认为,看书主要不是为了消遣、娱乐,而是为了了解社会、了解历史。但是,反映当代现实社会的作品选得少,关于"文革"、知青的内容也没有，反映当代青年网络生活的就更少了。这些都是遗憾，这多少让我们对"新语文"的"新"有些失望。

什么是经典？

"什么是经典？"同学们尖锐地问道。本书"经典"的标准是否有些过时？比如，为什么武侠、网络文学就不能入选？同学们与本书的编者对读经典的意义的认识是相同的，但什么是经典？选入经典的标准是什么？大家却有不同的理解。在不同的场合都有好几位同学提出了相同的问题：为什么本书不选网络文学和武侠小说？是不是我们喜欢看的就不是经典？既然上亿的人在读金庸的武侠小说，说明其影响力是很可观的，它已成为中华文化的一部分，也同样具有经典价值，我们就不应对它有偏见、排斥它。网络文学作为新生事物就不应入选吗？经典的就等于是陈旧的吗？其实同学们在这儿提出了一个命题：如何及时发现经典，而不是消极地让时间去验证。经典不排斥即时的优秀作品。按着同学们的说法，像金庸、刘墉、李敖、柏杨、阿来、梁晓声、毕淑敏、痞子蔡的许多作品可以作为经典选入"新语文"。韩寒的《三重门》在中学生中很有读者，读后反应不一。有相当数量的中学生与韩寒产生了共鸣，甚至有同学力主选《三重门》片段入"新语文"。但也有同学尖锐地指出：韩寒文风模仿味太重，他明显在模仿钱锺书和贾平凹。

为什么非要选鲁迅？有的东西在课本里碰到了，正准备忘掉，却又在这里遇到了。与同学们提的"什么是经典"的问题相关联，学生还提出了一个令专家们惊讶的问题：为什么非要选鲁迅？鲁迅的作品充斥着"病句"。有位女生的话引起了一些同学的共鸣，她说："鲁迅写道：……一株是枣树，还有一株也是枣树……。我要在作文里写了类似的句子，老师就会毫不犹豫、毫不客气地批道：废话！我不明白。"有位同学说得更直接："鲁迅毕竟是很久以前的作家了。鲁迅太沉郁了！中学生需要这么沉重吗？鲁迅的文章太难理解，经老师一分析就更难理解。"

同学们甚至还提出了另一个关于经典的命题：经典也是相对的，也有时代局限性。像鲁迅的作品，未必适合当代的中学生读。专家们听了以上发言，额上直冒冷汗。鲁迅真的那么遥远了吗？他的作品何以让孩子们这么不感兴趣？我们难道不该多做一些宣传鲁迅的工作吗？

我们是否丧失了阅读能力

正如南宁二中的老校长所言,《新语文读本》的体例更尊重阅读主体,前面不做什么提示,后面也不留什么作业,打破文体限制编组文章,远离教科书,从阅读需求的角度选文。文后的阅读建议也是点到为止,不做标准答案式的结论。主编王尚文教授解释说,本书是想让中学生通过阅读"新语文"来进行"作者—编者—语文教师和家长—学生"四者间平等、轻松的"对话"互动,以期真正实现"主体的自由阅读",提倡独立思考,强调多种可能性并存,反对标准化诠释。但中学生却不那么领情,他们骤然间还难以适应还给他们的这些"自由",甚至对此表示了抵触。他们大多反映说,"新语文"有点难,建议多做解释分析,最好给出标准答案。有一位学生发言说:"海子为什么自杀?写诗的人应该是热爱生命的呀。""托尔斯泰又为什么出走?"太难了!看不懂!解释分析太少。一位男同学老实承认:"新语文"点拨太少,老师不讲我真不懂。它们为什么是经典,不明白。一位中学生文学社的社长一语道破真谛:"我们从小学到初中,从初中到高中,学的是如何进行语文考试。我们其实不会阅读,或者说,随着考试能力的增强,我们已丧失了阅读能力。"这实在是中学生最严重的问题之一。

"凡有所学,皆成性格"

在座谈会上,不少语文老师也发了言。有些老师的发言令人担忧,他们潜意识里的标准依然是高考、文学史教本、知识的系统化等功利性指标。好在大多数老师认识到了"新语文"的开放性特点和文明传承、人文建设的价值。南宁二中一位语文老师对"新语文"的评价甚高:"新语文是迄今为止见到的最好的语文课外读物。它几乎让同学们接触到人类文明的各个方面,接触到人类文明成果的座座高峰。大多数文章有超前性,许多老师也没读过。同学们只要抛掉考试的压力,不是以准备考试的心态去读它,就容易进去,就会有感觉,就能读懂。"他认为,本书的选排方式是以专题集中编排,正适合现在提倡的研究型学习。学生可以沿着这个脉络,一直探索下去。南京的特级教师王栋生的话更耐人寻味:"中学生读此书不是为了考试,而是为了一辈子。"用培根的一句话说,"凡有所学,皆成性格"。认识到这一点,也就能感受到《新语文读本》的编者们的苦心了。

对于先哲,我们有提问的责任

提问,无论是过去还是现在、将来,都是人类智慧生成的重要路径,是学习者的必修课。

善于提问,也是古代贤者的一种传统。"孔子入太庙,每事问",孔子称这种方式是"礼"。一部《论语》就是提问、回答的精彩记录。就在这提问、回答的来往过程里,有挖之不尽的智慧宝藏,有令人神往的学习氛围,以至于孟子喟然叹曰:"予未得为孔子徒也,予私淑诸人也。"(《孟子·离娄下》)

而孔子之所以成为智者,与他一生中无数次的精彩提问有很大关系。

提问,就是求索,就是行进,就是曲径通幽,就是一步一个台阶……提问也是个性存在的标志,是学习的真正开始。没有提问,就没有学习。提出的问题,标志着学习的进度,也标志着学习者觉醒的程度。

我们焦虑于有些孩子善于解题，却逊于提问，这被认为是创新力衰退的一个迹象。

让我们重新激活提问的传统吧。

对于先哲，我们有提问的责任。中华民族是早熟的民族，先哲们超越时空窥破了天理人事，有着取之不竭的智慧。对于过去的疑问，我们要请先哲作出解答；今天存在的问题，在先哲处也会有重要的解答参考，我们向先哲们提问，必有惊喜回应。关键是我们要尽到向先哲提问的责任。

有一套书叫"提问诸子丛书"，就是出于一种大胆的假设：假如先哲诸子就在你眼前，请提问吧。就让我们跨越时空，在《论语》的氛围中做先哲们的学生吧。

不准感动

安徒生诞辰200年时,有专家拈出"安徒生没有现实意义"的高论。道理很深刻,似乎也很有一批人共鸣。

其实,目前对家长和孩子最有"现实意义"的莫过于练习题了,因其事关考分,关乎命运。再次,最有意义的就是少年成名。某位少年作家的母亲曾像得了发明奖似的说"孩子7岁起我就不让她读童话了",因为读童话是"浪费时间",避开童话可以让孩子早熟,早成名,"早熟的桃子好卖"。

成人们对"现实意义"的深刻解读,稍微有点漏洞:孩子们自身的生活和感受被忽略了——他们被视为不需要感动的人群,除了写作文以外。

其实不是不需要,而是不允许感动。孩子们的感动被认为是"离题万里",因为一感动就会远离练习题,这有可能贻误终身。

孩子们失去了安徒生,还剩下什么?谁陪他们度过黑夜、孤独和说不明白的焦虑?最能理解孩子、最能与孩子沟通的,有谁比得过安徒生?如果说他的童话过时了,孩子们真的不喜欢他了,意味着现实世界的孩子正在接受"现代污染",正在被变得功利、世故,变得不会感动——难道这不正是一种灾难吗?

一群不会感动的孩子意味着什么?或者一群只是为了深刻理解课文或为了写好作文而感动的孩子,除了矫情哪有真诚?

赶走了安徒生,等于残酷剥夺了无数孩子的童年。

童年,无论什么昂贵的东西都无法与之相提并论;与童年相比,什么都会黯然失色,何止是什么少年成名、什么"万能"练习题!

心灵多久未得补给?

"为什么我的眼里常含泪水?因为我对这土地爱得深沉。"这是一颗饱满的心,不但感动着自己,也令无数人因感到爱而激动。

人们为何常感到烦躁?因为心灵之泉正在渐渐干涸。在忙碌着的、渐趋富足的、诱惑接踵而至的生活中,你的心灵已多久未得补给?心灵被冷落,长久得不到滋养,就意味着感受幸福的能力不足,心性不够静和,敞亮的胸怀也难以打开,于是莫名的烦躁、偏执的欲望、不依不饶的报复等不太阳光的情绪就会折磨你。若一个群体心灵严重的营养不良,将意味着社会现象级问题。无论记住了多少英语单词、弄懂了多少数理概念、看了多少流行影视和时尚图书,心灵依然干枯;游戏机给的刺激,财富给的暂时满足,甚至知识带来的充实感,都远远不是心灵最需求的营养。心灵需要,使我们必须去读一种书，一种滋养心灵的书，一种无论读其他多少书也不能替代的书。而在急功近利的阶段里，恰恰这种书读少了，因为"没用"。

最近重新读了梁启超的《放弃自由之罪》《痛苦与快乐》，蔡元培的《舍己为群》，顾颉刚的《牺牲》；读到了丰子恺的《美与同情》等这些专往心灵输送营养的文章。这些营养让人变得宽和，让人乐于积极向上，易于与他人、社会和自然愉快相处，变得单纯起来、透明起来，也让人渐渐坚强起来、敞亮起来。

经典诵读需要一点技术改造

不要过多过泛地累加阅读经典的意义
反对大面积地扩大诵读范围
坚决拒绝傻读傻背

国学经典诵读的事,变得复杂了。

十几年前,"诵读民族经典,弘扬传统文化"的口号在社会上产生了强烈共鸣,大家好像如梦初醒:多年战争和动乱的破坏,再加上近年的商业消磨,再不弘扬,传统文化快站不起来了。

照例,这种庄严的使命要落到教育上,要从娃娃抓起。于是出版界疯了一样出了无数版本的经典诵读图书。"孩子们,为了传统文化的未来,好好背吧。"

背,就像背着,就有负担。当一摞摞的经典们放在孩子们面前时,弘扬传统文化这一使命之重,按说孩子们最有感觉。

于是，有儿童教育专家忍不住替孩子们喊疼：这种大规模的死记硬背，与儿童天性相悖，会严重伤害童心，不仅起不到弘扬传统文化的目的，还会使孩子们疏远国学经典；不仅如此，早已被历史翻页过去的封建文化，是否需要孩子们大规模地、持久地诵读，值得怀疑。儿童教育专家们更反对不由分说的"诵经"：那简直就是培养"过期人才"。

当然，这些说法也遭到业内人士的反驳：当年的国学大师们，就是读这些书长大的。现在为什么出不了大师？就是缺少扎实的国学功底；少儿时期记忆力好，此时用功背诵一些好东西，受益终身。

争论一直在进行，大规模的诵读也一直在进行。十几年过去了，也该静下来总结一下啦。至少，我们要重新思考一些问题：

尤其在当今孩子们课业负担很重的背景下，推行国学经典诵读到底有没有必要？

在知识爆炸、文化更新的时代，反复诵读古老的东西，是否符合科学发展理念？

我们是否非要培养国学大师？

国学经典诵读是否非要人人过关？

有没有好办法解决古文晦涩难懂以及背诵之苦？

笔者的功力难以全面回答上面这些复杂的问题，仅尝试从某些小角度来侧看这些问题。

我们是否非要培养国学大师？尽管时代发展到今天，我们依然需要国学大师，需要精神、文化的领袖和旗帜。但是，国学大师不是培养出来的。即使人人过关式的国学诵读，也难说最后就能网住一个国学大师。

问题是，让孩子们读国学经典，也许会有利于产生国学大师，至少准备了一种文化土壤，但并非为了培养国学大师。读经典最核心的意义，应该是无论现在还是将来，作为中国人正常的文化生活需要这种文化营养。从这个最底层的逻辑来看经典阅读，更客观、从容、有分寸地对待这件事。先不要过多过泛地累加阅读经典的意义。

中国人也会不断吸纳外来文化，也会发展自己的文化。但是，已经浸入血液的文化类型，不会从根本上改变。那么，诵读部分基础性的国学经典就是为了做一个合格的中国人，获取一种基本的文化营养，从而掌握可以与一般受过教育的中国人正常交流的能力。这就是阅读国学经典最根本的意义。

我们反对大面积地扩大诵读范围，反对应试般的人人过关。强调"倡导"，应提倡发挥教师们的聪明才智，尽量淡化诵读带来的学习负担。另外，要坚决拒绝傻读傻背。对内容一定要讲清楚，暂时理解不了的，可先做一个方向性解读，为今后理解打一个基础。尤其一些糟粕的内容，一定要向学生解读明白。有的内容实在背诵有困难，也不必强求，以后理解透了，自然会记住。

在此，呼吁大家想各种办法，对经典诵读做一些技术改造。比如，把《论语》变成动漫，把《道德经》用电视纪录片的办法解读，《孝经》可以通过故事会和讨论会的方式，等等。

作为出版者，这其中的责任不可逃避。把经典简单筛选、连注释也没有的版本，基本可以被淘汰；还有新出版的注本，万字的原典，却要注译成百万大书，这些书肯定不适合孩子们诵读。何不注释简明，点到即止，不做发挥，主要目的是扫清字词障碍，关键地方点睛引导，用起来没有负担。有的出版社自创双栏版：经典原文用大字，排在外栏，半翻书即可阅读到。注文用小字，排在对应的内栏，方便对照阅读。不用翻页，即可把本页的内容解决。这大大方便了诵读经典原文，又方便半翻页测试对原文的理解。不要小看这一小小的技术改造，这使诵读的复杂性减弱，真正体现了对图书使用者的服务性。尽管是小改造，但便捷千万学子，也是一种造福。

诵读：一条开满鲜花的通道
——就"中华经典诗文诵读"对话李振村

对话时间：2007年11月22日

由"中华经典诗文诵读实验"课题组组长李振村策划并组织实施的"中华经典诗文诵读实验"，默默坚持10年，让几十万个孩子受益。

没有诵读，使我们远离大师！

张圣华：一个民族需要大师的引领。我们的历史上曾经有无数伟大的人物令世界敬仰。但现在，我们似乎已经进入了一个没有大师的时代。这和经典诵读有没有关联？

李振村：大师是人类的精神领袖。上个世纪三四十年代的中国，和今天安定和谐富足的社会相比，动荡、混乱、贫穷，然而在这样的背景下却诞生了一大批大师级的人物！鲁迅、胡适、蔡元培、赵元任、郭沫若、茅盾、沈从文、巴金、钱锺书、老舍、梁漱溟、陶行知，这只是信手拈来！用灿若星河来形容彼时大师之多，亦不为过。

这些大师有什么特点呢？让我们以鲁迅为例。对于民族精神的深度思考贯穿了鲁迅的一生，这种思考对中国文化有着相当重要的独特价值——促使我们独立思考，促使我们形成独立的人格。

他首先是一位伟大的思想家！再来看他的创作。迄今为止，鲁迅中短篇小说的艺术水平达到了一个高峰；鲁迅杂文的境界也同样令人叹服；鲁迅的书法风格独特，自成一家；鲁迅对中国古代文学史的研究也达到了相当的高度；鲁迅还精通俄文、日文，翻译了大量的外文著作。

什么是大师？这就是大师，他们博通古今，学贯中西，洞悉人生社会，关注民族未来，具有宽厚的文化根基和博大的人文情怀。

这些大师是怎么成长起来的？清末民初，中西方文化第一次进行大规模的实质性接触，中国文人学士对西方文化的倾慕，使得彼时成为中国历史上一段文化思想活跃的时期。正是这一时期中西文化的碰撞、调适与融合，成就了三四十年代开放包容的社会和文化特征。在这样的时代背景下，这些大师大都接受过严格的传统的私塾教育，在少年儿童时期强记背诵了大量经典著作，从而打下了宽厚的传统文化根基；他们大多又都在青年时期远渡重洋，到西方国家接受了先进文明的熏陶，广读博览了大量西方名著。传统文化的扎实根基，西方先进思想的启蒙，二者融合，造就了三四十年代这样一批大思想家、大学者、大作家、大教育家！

现在我们拥有了现代化的教学设施，有了现代化的课程设置，有了系统的教育理论和教学方法，也应该继承经典诵读的传统。

最近有关部门进行的全民阅读调查表明，中国国民的阅读率依然不太满意。相反，"快餐式阅读""浅阅读"大行其道。在这样一种严峻的态势下，我们的校长和老师更加需要有一种强烈的使命感：那就是不管社会怎样变迁，不管科技怎样进步，不管教育怎样改革，我们都必须引领孩子们在人生记忆力的最佳时期，诵读名家名篇，诵读千古美文，让他们的阅读从一起步，就直抵经典；在他们生命长河的源头，汇聚起一座文化的冰山。只有这样，我们这个民族才能在今后的岁月中培养出真正有中国灵魂、有世界眼光的大师级人物；有了这样一大批大师级的人物，中华民族伟大复兴的目标才能早日实现。

诵读：学生的童子功

张圣华：作为普通的家长和老师，他们最关心的还是自己孩子的学习，经典诵读对一个孩子的学习和综合素质究竟会带来什么样的影响？这是大家都关心的一个问题。

李振村：复旦大学著名学者葛剑雄先生曾说过这样一段话：人类已经发明了汽车，为什么还要赛跑？练习马拉松是为了有朝一日长途奔跑送信吗？当然不是，我们只能从挑战体能极限、锻炼意志力和竞争力上来寻找答案。同样道理，古诗文诵读的价值大抵如此。

这让我想起了军人。全世界的军人平时都在训练，训练什么呢？除了一些操作武器的训练，就是一些基本功训练，"一二一""一二一"，整天气冲云天地喊着整齐的口号，迈着整齐的步伐，阔步前进。请问：世界上有哪支军队在战斗中是喊着"一二一"的口号迈着正步冲锋陷阵的？既然这些东西在战斗中没有用，为什么平日里还要这样训练？部队首长告诉我们，这种训练，练的是一切行动听指挥、步调一致的军人素质！没有这种最基本的素质，无论有多么好的武器和技术也没有办法打胜仗。经典诵读训练的就是学生的基本素质，比如记忆能力。心理学家的研究表明，记忆能力是完全可以通过科学训练得以有效提升的。凡是指导孩子背诵过大量经典的老师和家长都有这样的体会，孩子对经典诗文的背诵量一旦突破两百篇（首），接下来的背诵就变得非常容易而且高效。为什么？因为在强化记忆的过程中，孩子的记忆能力得到了很好的锻炼。再比如文化底蕴。持久地大量地诵读经典，绝不仅仅是为了获取信息和知识，它对孩子最大的影响就是形成一个丰厚的文化底蕴，这是人生发展的基础。以语文学科为例，如果孩子阅读了大量的古今中外名著，滚瓜烂熟地背诵下了几百篇汉语言文字的精华篇章，有了丰富的语言积累和知识储备，就好比一个人攀上了群山之巅，他自然就有了居高临下、一览众山小的气魄，有了开阔的胸襟和宏大的视野，各种能力的发展就会水到渠成，学习自然会事半功倍。

　　国学大师陈寅恪晚年双目失明，然而，他仅凭口述便完成了一部传世名作《柳如是别传》，索引文献全凭记忆，后人查对，丝毫无误。何以能够如此？文化底蕴使然。杨振宁自小就表现出了数学天赋，他的爸爸没有按照我们现在的家教思路给儿子强化数学，而是聘请了一位文学教授帮助他强化文史素养。

杰出人物是这样，普通学生也是如此。

山东龙口市实验小学，十多年前搞了个读写实验，在全国产生了很大的影响。当时我去调研，校长说，我们的孩子大都作文不错，不信你可以当场试验。我当场命题，亲自监督，40分钟后，全体孩子的作文都交上来了。孩子们的作文真是好啊，语言优美，构思新颖，让人惊叹！原来，这所学校一直坚持提早识字，大量阅读。一年级读童话、浅显的古诗词，二年级读各种科普故事，三年级开始阅读各种适合孩子们读的中外长篇名著，孩子的阅读量到小学毕业平均高达400万字。在这样一个宽厚的基础上，孩子们写读书笔记、创作各种童话、编写各类故事，如鱼得水，信手拈来，读写能力快速提升。

由此可见，如果我们只看眼前利益，那就让孩子拼命做各种练习题吧！如果着眼孩子一生的发展，那就让孩子们诵读经典吧！

诵读：诗意生活的捷径

张圣华："经典诵读"是不是有死记硬背之嫌？在

全社会都在呼吁为学生减负的背景下，经典诵读是否会成为学生新的负担？

李振村：任何人在成长的过程中，都必须记忆一些东西，还没听说有谁能够不记忆知识而有所创造有所发展。一切创造都必须建立在一定的知识储备基础上。对于成长中的青少年来说，缺少了强化记忆的环节，最基础、最根本的知识储备又从哪里来呢？

过去人们评价一个人有学问，就说这个人有私塾功底。什么是私塾功底？一句话，就是背诵的功夫。私塾就是利用孩子记忆的黄金时期，把一些经典牢牢地刻到孩子的脑海里。随着心智的成熟，这些幼时积淀到生命深处的东西，慢慢酝酿，慢慢发酵，最后会"化"为一个人独特的素质和修养——这是长大无论怎么学习也无法弥补和赶上的。这就是所谓的童子功！鲁迅、胡适、巴金、茅盾、梁实秋、钱锺书这样一批大师级的人物，无一不是在少年时期下过诵读功夫的。关于负担的问题，其实是一个相对的概念。经典诵读是否苦累，关键看方式方法。

古人读书，要高声朗诵，汉语言有其节奏和音韵规律，读得多了，自然悟得言语与文字的音乐之美。所以，诵读就像唱歌一样，自有韵致，没有局外人想象的那样死记硬背。

张圣华：有点像古人的吟诵。

李振村：其实不仅仅诵读本身可以成为一种享受，经典诵读还有一个重要的功能，就是涵养孩子的诗心诗性，让年轻的生命能够用诗意的眼光来观察和感受这个世界，这点非常重要，它关系到孩子一生的幸福。

很多老师认识不到这一点。拿到一首古诗，就只看到一个语文知识点，急急忙忙分析拆解，搞得支离破碎，老师劳累，学生厌倦。这是一种短视的做法。苏霍姆林斯基曾经指出：教育的终极目标不是传授知识，不是培养能力，而是让每一个孩子都能够幸福地度过自己的一生。经典诗文中蕴蓄了很多美好的人性元素，我们的责任就是不断挖掘这些蕴蓄在古诗文中的人性元素，让学生充分体会和感悟它们，让孩子的心在这些美好情愫的浸润下变得柔软，让感觉变得敏锐。

假如我们能够给孩子一颗诗心，让他们能够在今后漫长的人生道路上，面对日出日落、风霜雨雪等寻常的景致，面对生离死别等人情百态，能够萌发一些诗意，唤醒一些诗情，这就是一种幸福的人生体验啊。所以著名学者叶嘉莹说，学古典诗歌就是让你对宇宙万物、花开花落、草长莺飞都有所关心。如果一个人对草木鸟兽都关心了,那么你对你的国家,你的同类的"人"不关怀吗?这就是诗歌的意义和价值,也是我们文化中一个宝贵的传统。

诵读与"新经典"

张圣华:经典距离现在孩子的生活十分遥远,有些经典艰涩难懂,是不是所有的经典都适合孩子们阅读?我们是不是有点儿一厢情愿?

李振村:经典中确实有一些沉闷艰涩的文本,学校和教师的责任就是对文本加以甄别,选择那些既温柔敦厚又情趣盎然的作品推荐给孩子。

我们"中华经典诗文诵读实验"提出了"新经典"的概念。

"新经典"首先是一种教育理念:不是所有的经典都是最好的,适合孩子的成长需要才是最好的。基于这样一个理念,我们提出了下面一些元素:

第一,"新经典"是传统的、民族的。比如《论语》,比如唐诗宋词,比如四大名著,比如一些流传千古的美文,这是"新经典"的基础,是涵养民族精神的"色香味"俱佳的营养品,应该让孩子们反复诵读。

第二,"新经典"是多元的、开放的。《论语》、唐诗、宋词、元曲、四大名著是经典，传统京剧唱词是经典，成语典故是经典，甚至民俗文化中的对联、灯谜也被我们纳入了"新经典"的范畴。

第三，"新经典"是鲜活的、成长的。经典当然是历史的，但历史和现实之间并没有鲜明的"边界"：昨天的历史就是曾经的现实，今天的现实就是明天的历史。因此，经典不意味着凝固和僵化，真正的经典应当是一条河流，在悠悠岁月里穿行，不断吸纳最新的思想小溪，荡漾着生活的真实浪花。

第四，"新经典"应当是优美的语言典范。思想的启迪固然重要，但我们同样重视语言的精粹和优美，没有孩子们喜欢的优美的语言外衣，思想的力量就要大打折扣。

诵读：一种新的生活方式

张圣华：前不久，我参加了"第三届中华经典诗文诵读大会"，在大会开幕式上观看了小学生用歌唱、舞蹈、朗诵、短剧等形式再现中华经典诗文的魅力，可以说是精彩纷呈，让人非常感动！你们坚持这种独特的表达形式，是基于什么思考？

李振村：经典是美的，要让儿童发现、理解和表达经典之美，必须创造各种为儿童所喜欢的、适合儿童特点的形式。我们的实验在全国近200所学校开展，这些学校创造了多姿多彩的诵读课程，步入其中你会认识到，如果我们的孩子不喜欢经典，那不是经典自身缺少魅力，而是我们引领孩子走向经典的"桥梁"搭建得不让孩子喜欢。比如，浙江绍兴市北海小学，推行经典诵读的"本土化"策略，充分利用绍兴的文化资源，读身边的经典，读身边的大师，学生倍感自豪和亲切。比如，安徽合肥宿州路小学指导孩子们制作、互赠诗词贺卡，同学们在制卡、赠卡的过程中，扩大了诵读量，增加了友谊，提升了贺卡交际的品位。

张圣华：这些创造的确让人耳目一新。具体到一所学校、一个班级，你们如何克服孩子对经典的陌生感和畏惧心理？

李振村：要想真正让经典诵读成为孩子的一种生活方式，有几个问题必须注意。

第一，必须确立每天的经典诵读时光，比如利用早晨正式上课之前，开展"每日一诵"活动，每天15分钟，放开喉咙，大声诵读，书声琅琅，陶醉其中。不要小看这每天的十多分钟，邓云乡先生说，利用语言声音节奏与习惯的自然合拍，会产生非凡的记忆效果。传统习惯就是高声或低声诵读，总之是要读出声音来，这与汉语的音节特征有关，纵使重复几十遍、上百遍，也不会疲劳，而且易于记忆。如能坚持六年，就会出现了不起的成就。

第二，必须摆脱不理解就不能读的传统观念。私塾教育中，孩子入学后三年不开讲，而是强化背诵，不是一点儿道理都没有。儿童的记忆力最强，先强调背诵记忆，这是符合客观实际的，即儿童的生理、心理实际，掌握中国传统文化的实际。古典诗文是情感的浓缩，是文化和历史的凝聚，孩子们全部理解既不可能，也没有必要。当下重要的工作是积累、积累、再积累。随着岁月的流逝，阅历的增加，孩子们慢慢就会品出诗文中的滋味。所以说，还是要遵循"好读书，不求甚解"的古训。

第三，必须摆脱急功近利的思想，倡导"非功利性阅读"。经典诵读是为精神生命奠基的工程，不可能马上见效。要着眼一生，用慢火炖老汤的方式，慢慢熏染孩子的心灵。有些老师今天让孩子学一首诗，恨不得明天就让孩子写诗，这种做法严重摧残了孩子的诵读兴趣，应当杜绝。要让孩子不带"任务"、快乐地阅读。兴趣永远是学习的动力之源。周国平先生提倡"轻松读经典"，对于儿童而言，更需如此。

第四,经典诵读不是人生的灵丹妙药,可以包治一切。台湾有位倡导经典诵读的学者,反复强调的一句话就是:教育其实很简单,把四书、五经让孩子从小背下来就智慧大开了。"只要背一篇《大学》,一千五百多个字,就可以使一个孩子脱胎换骨。"这又走向了另一个极端。如果真是这样,那么当代教育就无须存在了。这样的做法和理念,极易把经典诵读活动引入一个死胡同,最后被老师和家长所抛弃。

因为人的成长是一个十分复杂的过程,仅仅靠某一类内容的学习无法解决成长的全部问题。经典诵读亦然。培育民族精神,涵养人文情怀,奠定文化根基,丰富语文素养,这就是经典诵读的功效。至于孩子的科学思维、艺术体育修养等其他方面的素质,有待于各个学科共同努力,方能铸就全面发展的一代新人!

网络时代,诵读还有什么价值?

张圣华:时下,国内有很多人在大力推动中小学生经典诵读,其中,您所主持的"中华经典诗文诵读实验"是我亲眼所见的影响很大的一股力量。我现在想与您探讨的是:读书是为了获取知识和信息,在网络几乎能够提供给人们生活和学习所需一切知识和信息的时代，经典诵读还有什么价值？

李振村：这是很多人都在追问的一个问题，也是一个宏大的命题。

首先，从人类自身的成长来看，人与动物有一个根本的区别，那就是世界上所有的动物，其一代代新生命的成长都"从零开始"。动物没有自己的文化积累，没有传统；而人就不同，人类新生命是在不断接受前人经验、不断接受已有文化的滋养和熏陶中成长起来的。这种代代传承的文化，形成了传统，形成了历史，于是人类才拥有了迥异于其他物种的"文明"，人类才日臻完善。

传承人类文化的最主要载体就是经典作品。钱理群老师曾经说过，每一个民族都有其精神原创性、源泉性的东西，它们都应该进入国民教育，比如英国人都要读莎士比亚。中国也有这样的精神遗产，比如《论语》和《庄子》，儒家和道家是我们民族思想的源头构成；比如唐诗，唐诗所表达的人的思想情感的丰富性、复杂性、广阔性是前所未有的。假如我们把这些民族的原创性的东西全部清除掉，无论我们拥有多么现代化的网络和多么先进的技术，也与动物无异。（当然，如果真的没有了文化，网络也无从产生。）

所以说，当下我们引领孩子们诵读经典作品，不是再质疑"还有什么价值"的问题,而是要把这项工程做得更加扎实、深入,因为这是孩子生命成长的必需。

其次,从民族精神的传承来看,经典诵读是至关重要的通道。一个民族的精神痕迹都珍藏在它的民族语言里,而经典作品就仿佛一条条珍贵的深深的痕迹,它烙在每一代人的心里,见证了民族灵魂的薪火相传。著名学者赵鑫珊先生就曾经说过,科技的进化一年一个样,但人性的进化却很缓慢。唐诗的每句话都依然让我们感动,就像今天写的一样,它是我们民族思想情感的宝库。

一个中国人,不管你身在何处,即便到了南极、北极,只要你肚子里有几首唐诗,你便是正宗的"中国人"。这是另一种"护照",无形的精神"护照"。

我们的孩子从小以穿美国"耐克"运动鞋为时尚,以吃麦当劳、肯德基为至爱,以看美国动画片和日本动漫为最乐;即便是在学校里,也以"双语教育"的名义灌输着其他民族生活的点点滴滴!一个自小就脱离了民族基因、在外来强势文化熏染下成长起来的人,你怎么能够指望他会认同自己的民族文化?你怎么能够指望他热爱自己的国家?

因此,在今天这样一个全球化的时代,让孩子诵读中华经典诗文，其作用绝不仅仅是学习语言，绝不仅仅是启迪智慧，而是担当了更加重要的使命：那就是在孩子的血液里融入民族文化的基因，播下民族精神的种子，让孩子们能够拥有一个美好的精神家园。

第四辑　教师阅读之鉴语

【按语】

　　教师阅读是我关注了20多年的话题。每次去学校采访、调研，我一般都要去看看学校给老师们配备的书架。说实在的，大多不太满意，也似情有可原。即使配了一些好书，借阅率也不满意。教师本是学习型岗位，应该天天阅读才正常，尤其是教师专业素养类及人文通识类图书。既是岗位需求，又是心灵营养，须臾不可缺也。巨大的阅读亏空几乎等于教育风险。

空洞是一种危险

教师的精神状态意味着什么？

意味着广大学生必须天天面对的一张脸，一颗心；

意味着孩子们精神成长过程中的参照系和精神构件。

如果教师的心天天饱满，天天灿烂，这将成为学生们终身的美好记忆而影响着他们的一生。

或曰：即使我心情不好，面对学生时也要笑容满面。很好，必须这么做。一次可，两次可，但这种面具状态能保持多久呢？其实很容易就会露出本来面目。所以我们不鼓励教师在学生面前表演肤浅的快乐，而是真诚地传递快乐——用心传递快乐。

这其实在要求教师，要有成功的人生，至少要有积极的人生哲学。对各种人生问题应有较为深入的思考；

必须有健康的心灵,必须有饱满的精神世界,必须有丰富的思想和情感:既为人师,必有高境界。这不仅是理想,而是现实的要求。

达到这一理想境界的有效办法是阅事与读书。

所谓阅事,就是要有一颗积极探求之心,敢于尝试,敢于试一试、做一做,尽量丰富历世和做事的经验,丰富感觉,积累思考。

作为教师,更重要的、更易实现的途径则是读书。读书本该是教师的日常状态。

古今中外的人,所思考的人生问题是相通的。读书的时候,其实是在寻找,寻找问题和目标,寻找知音或向导。你可以与千年前的哲人沟通,也可以得到万里之遥的思想者的启发。人类的精神史是一条河,不读书的人难免游离于这条河之外,会成为空洞的人。空洞的人的精神之河是干枯的,正像一张呆板的脸。

教师无论读多少专业书,也代替不了读探索人类精神世界的书,对人生、对生活的探索该是教师的必修课。

教师除了在学校里教授学生,还承担着社会精神世界的构建责任。其实,教授学生的过程,就是在构建社会、影响社会。所以,无论什么学科的教师,都需要进行公共阅读。哲学、历史、社会学等,所有的知识分子都应在这些领域有一定的造诣和学养。也许这样,心灵之泉才不会枯竭,精神世界才不会空洞。这样面对学生时,学生才是安全的。更进一步说,教师是社会道德体系的一道不可缺少的防线。教师以其人格魅力,熏陶着孩子们,也以其思想启发着孩子们,这是德育的主干道。乌申斯基说:"教师的人格,就是教师的一切。"很多教育问题并不是教育技术问题,而是教师的人格问题。抛却人格的构建而只是功利地追逐类似于教学法、教学策略等技术手段,始终不可能接触教育的本质。教师这种人格的形成,要靠长期的书香浸泡和自我探求。

我们的社会在苛求着教师,一方面人们把社会理想的实现寄托于学校和教师,另一方面人们非常担心孩子们未出校门就已是社会的问题,学校无论如何也不能成为社会问题的源头。所以教师应是尽量追求完美的。

可是,教师也是普通人,与大家一样承担着社会的诸多压力和烦恼,甚至更多。这与社会对教师人格的理想要求必然存在一定差距,而弥补这一差距的手段显得很苍白。读书也许是弥补这一差距的最有效的办法。整个社会应有计划为教师读书创造条件,让教师安心读书、精心思考,教师才有可能成为学生精神成长的路标。

作为教师，也该意识到自己在天天冒险：冒着不小心就会伤害学生的危险（问题是，如果境界不到，即使小心谨慎，也难免伤害孩子的心灵）。而减少这种冒险的有效办法就是寻找参照系统、建构周密的育人逻辑——还是要读书和思考。

对教师更高的要求是理性基础上的激情。教师的激情是点燃心灵、唤醒智慧的火炬。这种激情将植入孩子们的人格中而影响着社会。教师是个发现者，要随时准备发现孩子们的个性、变化和闪光点。这些发现则需要激情，而读书是这份激情源源不断的营养。

苏霍姆林斯基说："每天不断地读书，跟书籍结下终生的友谊。潺潺小溪，每日不断，注入思想的大河。读书不是为了应付明天的课，而是出自内心的需要和对知识的渴求。"（《给教师的一百条建议》）当读书成为生活，我们才具备当教师的资格。

教育回头看的理由

人之所以回头看,就像狼在行走的时候不断习惯性回头——所谓"狼顾",那是为了安全,为了更准确地掌握方向。尤其我们高速前进时,安全和方向尤为重要。

还记得晏阳初提到的两个概念——"教育误人""教育杀人",说得人心惊。细想想,可能害你伤你最深的那个人就是教育过你的那个人。为教者不可不慎,所谓教人者如履薄冰,事关教育安全问题。

这就是我们做教育的必须经常回头看的理由。

回头看,不仅是看刚刚走过的几步路,更重要的是往远处看。这对校准方向更有用,甚至能找到智慧型能源。

当然,我们同样重视向国外学习。但,无论怎样学,我们办出来的教育归根结底还要是中国教育。"试问中国人在中国办外国教育,还有什么意义?"当年晏阳初这么问，我们现在还可以这么问。

之所以唠叨这个话题，实因深感我们自己优秀的教育传统被扔掉得太多了，教育的根脉突然成了个问题。这不仅是个教育理念或技术上的问题，而是要丢掉一种文化，一种两千多年的传统，这是个很危险的倾向。因为这是不由分说的文化换血。

我们必须对传统的教育智慧有个冷静的态度了。很多人，甚至一些专家的话语中，对新的教育理念的推广是伴随着对传统教育的批判展开的，把它当作对立面，把"传统"一词严重误读。这样，把本来就对中国传统的教育智慧了解不多、理解不深的人们引向了"传统教育"的对立面。

试想，两千多年来，我们民族精英中有许多人把毕生精力都投入到教育之中，他们的体验和思考都融为了教育传统的一部分，这些东西我们如果抛弃了，就等于我们必须从零开始。

我们撒下了大量的外国教育的化肥，却忽视了对我们教育土质的分析。外国的教育药片，不一定能疗救中国教育顽症。就像留过洋的陶行知、晏阳初、蔡元培、夏丏尊等，回国献身教育，都是先把自己中国化。读一读陶行知的白话文章和打油诗，看看晏阳初跨进泥巴墙的教育改造，就会悟到在中国做教育该用怎样的方式了——贴近民众、贴近生活、融入中国文化之中，这就是中国教育家们给我们留下的最重要的教育智慧。因为这就是中国教育的根脉。寸时寸金的教育学家黄济老先生，一门心思在为中国教师编写中国传统文化读本。可见老先生已深谙中国教育三昧。

晏阳初1936年在衡山的乡村师范演讲时说："学非所用用非所学，所以许多大学生都在失业，而国家却闹人才缺乏的恐慌。人找不着事，事找不着人，这是充分去模仿外国的结果，整个教育完全因此破产。"这就是"误教"。"误教"之辙是否依然清晰在路？

中国传统教育中有大量糟粕，蔡元培《新教育与旧教育之歧点》讲过这个问题。剔除这些糟粕依然是我们现在一个重要工作。可几十年来，我们把这些问题抽象化、概念化了，一提传统就是一通批判，培养了莫名的教育反祖情绪，忽视了对可继承部分的梳理总结，结局就是教育的过去变得越来越虚，越来越空洞。那我们从国外引进的优良品种嫁接在哪里呢？总不能栽种在一片虚拟的土壤中吧？

回头望，是为了认清方向，也是为了认清自己。每一次回头，自己就会改变一次。这种改变可期望是教育智慧的增量。

让我们都来关注、寻找教育之根,都来辨清前人留下的教育之辙吧。

我国中小学教师专业素养阅读大面积空白

——规范教师专业素养书架迫在眉睫

"老师们，你们在教学中，运用过多元智能理论吗？"记者在某地学校采访时问在座的几位老师。

"多元智能？您什么意思？"

"是一种新型的机器人理论吗？"

"大概就是人要多元发展，不要片面发展的意思吧？"

"无非是别让学生偏科。老理论，新说法。"

老师们热闹的想象，令记者瞠目结舌。

无独有偶，记者在某城市小学，与座谈的老师们谈到"临近发展区"时，大都面面相觑，不知所云。

有的老师冲破尴尬，勇敢地说：这与学生的成绩有关联吗？是评估包括的项目吗？与工作业绩挂钩吗？这几个勇敢的问题倒让记者哑口无言。

"您了解陶行知吗?"记者在多所学校问这个多余的问题。

但回答"好像听说过"的占了多半。

新课程改革首先是教师理念的变化。教师理念的变化赖于培训和阅读,尤其是专业素养的阅读必须强力跟进。可以说,一名教师没有相当规模的专业素养阅读,在新课程的课堂上,就根本谈不上称职。

但据记者的调查,在全国范围内,中小学教师的专业素养阅读存在着大面积空白。

记者在很多省采访时,特意参观了中小学的图书阅览室,遗憾地发现,相当多的学校的教师专业素养图书几乎没有。即使有的学校配有教师用书书架,上个世纪80年代和90年代的教参、教案占了大半,其余则主要是一些高定价、低折扣、随意编凑的、毫无价值的垃圾书。这种现象在西部省份尤其严重。也就是说,这些学校的教师除了接触一些用行政手段安排的教师培训类图书以外,几乎读不到别的教育专业书籍。

据记者调查,在教师读书方面,做得较好的是上海、江苏、北京、浙江、四川成都等地。尤其上海地区,教师读书已超越了倡导阶段,进入了制度建设和文化建设状态，有的学校已经形成了自己的读书文化，读书已成为教师的自觉行为。少数不读书的老师几乎失去了话语权。老师们在各种场合与学生的谈话格调也大大不同。尤其令人耳目一新的是上海一些学校的教师读书俱乐部，只有具备一定的阅读修养、有相当阅读量的教师才有资格加入。他们定期活动，讨论读书热点话题，研究读书与实践。这其实是一所学校教师生存方式的风向标，是学校文化的重要的积累方式。有了这种积累，教育教学的风险就会大大降低。

在江苏，如火如荼的"书香校园"活动大大带动了广大师生的读书。在朱永新教授的大力倡导下，教师读书已经形成气候。尤其是朱教授研制的一年一度"教师必读书目"，对该地区的教师阅读是种很具体的引导。

江苏有些学校校长重视教师读书，自己以身作则，有读书的好习惯。校长在学校倡导、鼓励老师们读书，老师们以读书为荣，把读书作为进步的必经之路。这些学校的图书馆专门配有教师专业素养类图书专架。

例如，张家港中学的高万祥校长，自己非常重视读书、博览群书，在教师读书方面就有发言权。该校的图书配备也很有实力。全校师生沉浸在浓浓的读书气氛中。学校也成为远近闻名的学校。

再如苏州工业园区新城花园小学校长吴云霞，自己勤奋读书，涉猎广泛，只要发现好书，就毫不犹豫地为每位老师配一本，鼓励老师们精心研读。

一所学校有没有前途，有没有后劲，不在于眼前的排名和考分高低，而很大程度上要看学校师生读书气氛是否养成，要看教师队伍是否有开放的姿态、开阔的视野、探究的方式，要看是否构建了学习型的组织。而永远不可停顿的教师专业素养方面的阅读是必需的，就像人必须一日三餐一样。

但是，目前即使是销售业绩最好的教育经典著作，如苏霍姆林斯基《给教师的一百条建议》的发行总量也不过十几万册。而这与1300万教师的数量相比，不过百分之一。而这百分之一却集中在少数几个地区。就这本书而言，还存在着大面积的阅读空白。据人民教育出版社的发行人员介绍，世界经典教育名著，发行量超过4000册的，就算是发行不错的了；发行总量能达到10000册左右就算相当成功了。教师专业素养类图书的出版主要集中在教育科学出版社、人民教育出版社、华东师范大学出版社、高等教育出版社、北京师范大学出版社、上海教育出版社、浙江教育出版社、江苏教育出版社、福建教育出版社、广东高等教育出版社等有限的几家出版单位,每年所出版的图书数量也很有限。可以说,教师用书的出版和销售,并不发达。

再以《陶行知文集》为例。这本书是唯一在现今的市场上还能见到的陶行知著作,而这本书自上个世纪80年代末初版,至今共有5000册的发行量。足见陶行知已经被教育界大面积遗忘,而新一代的教师队伍根本就没有接触过陶行知的著作。抛弃了陶行知,又何从谈了解中国教育的现实,又如何理解中国教育的血脉呢?

在人民教育出版社出版的系列经典教育名著中,发行较好的卢梭的《爱弥儿》2004年全国的总发行量只有2000套,发行最好的杜威的《民主主义与教育》也只有4300册。这些书在出版前都被出版社和书店相当看好,但广大教师就是不买账,就是不读。

再如《国际教育新理念》《赏识你的学生》这些新出版的普及性著作,也主要是集中在以上地区发行。

据出版社反映,整个东北市场,教师用书,尤其是教育科学类图书就很难进入,书店拒绝销售。陕西、山西、河北、河南、湖北、湖南等省,教师用书的销售量小得可以忽略不计。像天津、山东、安徽等地,教师专业素养的阅读也很不理想。山东市场被很多出版社看好,但几年来,出版社大都灰溜溜的,教师似乎不需要这些书，这些书在齐鲁大地根本走不动。记者在山东一些学校采访时发现，学生读物确实受到了重视，配备得比较丰富，而且新书也能及时补充。但教师书架明显被学校冷落。即使是一些在当地很有名望的重点学校，教师书架也很不理想。专业素养方面的图书配备根本就不及格。

教师的专业素养阅读之所以存在着大面积的空白，原因有多方面。

从整个的社会气氛而言，实际上是不利于教师读书的。社会对一所学校最直接的要求就是孩子能够考高分，有个好成绩。学生的其余方面，似乎考上重点中学或大学后再说也不迟。大气氛如此。如果学校在学生分数上下来了，即使别的方面做得再好，也会受到社会各界的强大压力，甚至会失去社会的信任。在这样的背景下，学校的运转方式肯定是分数第一的原则。于是大量的学校不敢放手让老师读书，把老师的读书放在可有可无的地位。

有的老师反映，在上学时曾养成过每天读书的习惯。一到学校，只好把原来的习惯改掉。因为学校把教师读书当作业余时间干的事，上班时间读书被当作不务正业。可是，教师似乎是所有职业中最没有"业余"时间的职业了。所以，教师读书就成了"以后"的事了。这种情况如果存在，校长是有责任的。校长有义务把学校的教育引向健康、持续发展的轨道，而不是随波逐流。校长应该意识到，教师长期不读书的一所学校，离教育的距离会越来越远，离危险却越来越近。从这样的学校毕业的学生，就是考试成功了，也会或多或少存在一些问题。即使当时没有暴露出来，也不免留有隐患，为社会和学生的将来带来系列问题。

毫无疑问，校长是一所学校师生读书的倡导者和组织者，这是责无旁贷的。如果有学生在毕业时除了教材没读过几本书，校长逃不掉责任；一所学校的很多教师在一年中没读几本专业素养方面的书，校长同样有责任。学校不是工厂，不是以制作大量的拷贝为目标的，而应是培养个性不同的人为责任的，不读书何以有健康丰富的心灵世界？教师不读书又怎能以专业水准与生动活泼的心灵进行高质量的交流？

因为学校没有教师读书的气氛，教师读书的愿望被长期压抑，导致教师专业素养图书市场的疲软。经销商索性放弃本地区此类图书的经营。这样，便形成了恶性循环的格局：有些老师想买一些书也没地方能找到。例如，在山东，记者提到当年下半年稳居教师图书排行榜前茅的"新课程教学问题与解决丛书",老师们说,根本见不到这套书。记者又提了一些书的名字,也说没见过。记者又问了一些其他地区的老师,回答还是这样。

记者采访了一些出版教师用书的出版社,得到的信息与记者上面的调查很吻合。我国中西部地区的大多数书店,几乎没有这类图书的销售,即使进货,也只是最后把货退回了事。所以,也就不再给这些地区供货。几个出版社和图书公司尤其提到河南、安徽和山东的一些书店信誉问题。他们几乎异口同声地说这些地区的呆账惊人,不敢跟他们做买卖。记者在山东跑了一些地区,只有在济南和潍坊,见到有两家书店在经营部分教师用书。

一位图书公司的负责人对记者说,济南一家位于英雄山文化市场的图书公司,倒是卖了一批货,但就是不给钱。有近三万元的债务,推三推四近两年了,就是不还,一点儿诚意也没有。谁敢再给他发货呢?

这些害群之马严重影响了山东教师用书市场的健康有序的发展,却让山东的教师们吃了亏:这等于切断了老师们通过图书与全国教育界的联络,也就是切断了国内外通过图书输送的教育科研的最新成果。后果是可怕的。如果只是几个月或半年、一年的差距,也许并不可怕，但几年过去后，因此而带来的差距难以弥补；教育教学因此而造成的落后是令人痛心的。

改变教师不读专业素养图书的状况，首先是地区教育主管部门，尤其校长，要转变观念，要把建设学习型的教师队伍作为自己重要的工作职责，坚持不懈地倡导教师读书，为读书创造氛围和条件，形成读书光荣、不读书失职的大气候。

当务之急是每所学校应尽快构建和规范"教师专业素养书架"。这对于已经"普九"的地区来说，并不是什么难题。建立"教师专业素养书架"，所需经费远比配备学生图书要少得多，而且有一定稳定性。一些经典的教育科学图书一次性配好，可以数年或十几年使用。可谓一本万利。

"教师专业素养书架"比较理想的配备除了教育经典著作外，还应包括最新出版的教育理念类图书、教学探索类图书、教学微观技术类图书，国外引进的最新教育科学著作等。可以说，要基本吸收最新的教育图书的出版成果。这其实是把国内外最新的教育科研、教学实践成果纳入到了学校老师们的视野中。

"教师专业素养书架"是保证一所学校的教师有一个掌握信息、补充理论和他人经验的基本平台，如果连这个也保证不了，那么建设研究型、专家型教师队伍和学习型组织，只是说着玩儿的。

令人高兴的是，云南、山西等地的教师读书，有了一些进展。这种读书气氛的蔓延正在加速。更为可喜的是，一批社会精英也在关注教师用书的选题和出版，一些有远见卓识的民营书商开始向教师用书的选题投资。

教师读书是关系国家教育成败的大事。大面积的教师不读书，尤其不读教育科学著作，意味着教育的运转肯定出了偏差。不读书，就意味着没有科研，就意味着非专业状态。

教师是真正的课程，是学生成长的标杆。教师不读书，不思考，教书育人就易出偏差；教师是天生的职业读书人、职业学习者。活到老学到老，方可为师。

近代教育：被忽略的黄金地段

我们迷路了吗？

假如我们是一批旅游者，迷路只是一段曲折的插曲；假如我们在教育工作中迷路，我们可能要面临非常长久的麻烦。这样的假设似乎有危言耸听的嫌疑，可笔者在现实中的所见所闻，促使把这样的问题摆出来，以提醒从事教育的人应把辨清道路和方向作为每天的习惯。教育的回头看、左看、右看，都有极重要价值。

辨别教育的方向，本质上是对中国特色的教育有个准确的、根本性的定位。因地制宜、因时制宜，是最符合实事求是精神的。以培养现代中国人为己任的中国教育更需要这样的精神。那么，对"时"和"地"的研究就是大事。就"时"来说，目的指向是现实，但想弄清现实问题，却往往必须研究历史。因为现实中经常没有现成的答案，而历史所展示的规律，却经常帮助我们找到打开现实问题的钥匙。尤其是教育的复杂性逐渐被发现，越来越多的人明白，对于教育本质的理解，不见得今人比古人更深刻。也许我们沾沾自喜于新技术和丰富的物质条件所带来的甜头，但我们不得不应付在教育核心问题上的迷离所带来的混乱。比如长时间遗忘了对教育本质的追问，教育就有已失去方向的危险；如果大规模的教育游离于航线之外，那就有失去控制的可能。这些不顺耳的说辞，对时下的教育"多动症"，也许可以唤起疗救的警觉和反思。

按照这样的思路，一路捋来，不难发现，我们严重忽视了中国教育史中的一个"黄金地段"。

这一"黄金地段"，就是中国的近代教育史。

除了几个研究人员，没有几个人真正打开过近代教育史。似乎那段历史有更激烈、更引人的情节，例如战争、饥饿、改朝换代等等，教育反而成了灯下黑。救亡时代过去了，我们可以用平常心展开近代教育这片天地，才发现这是片离现实最近的黄金地段：这里有如繁星满天般的教育大师群像，这里有现在听起来依然振聋发聩的金玉良言。对我们从事教育的人来说，这里有我们取之不尽的财宝。

严复、梁启超、蔡元培、张伯苓、鲁迅、晏阳初、陶行知、陈鹤琴等等，这些跨越世纪的巨人们，都有着很深的教育情怀，都对教育有着立体、深入的，尤其是立足于改造现实的思考和研究。这一个阶段，对教育现实性的研究、对教育规律的探索，超过此前中国历史上的任何一个阶段。

这一阶段教育的最强音是教育救国。把教育作为挽救民族危亡的路径，把自己的激情和青春和盘托付教育，这几乎是那一代爱国知识分子大多数的选择。而这个选择的支点是教育可以改造国民。这是走了很远的路之后，最终得出的结论——救国、强国必先改造被愚弄了千年的民众：这必须靠教育。

但是挽救民族危亡靠什么样的教育呢？老教育是确定不行了，现成的样板是搞西式教育或东洋教育。于是，一股洋式办学风热热闹闹大刮起来，结果这些学校培养的"外国人"在当时的中国根本用不上。走了一段弯路后，才终于有了晏阳初跨进泥巴墙搞教育，才有陶行知的生活教育。这是真正因地制宜、因时制宜的教育。

可以这样说，这段教育初步构建起了中国教育的精神：脚踏泥土，融进民众；播种理想，改造生活。

一批博古通今的大师舍身于教育，真是中国近代史上的一道壮观风景。他们的足迹颇多昭示：教育是什么？教育的目的是什么？中国需要什么样的教育？该怎样办教育？现实教育与古老传统有什么关系？等等，等等。这些大师对此都有很具体的思考，与现在的教育有诸多相通之处。当追寻这些大师们的足迹时，我们就会感到很深的遗憾：为什么这么迟才做这样的事？为什么这么久无视这片黄金地段？这让我们走了多少冤枉路啊！

还有，对于当代教育工作者来说，一个经常性的困惑是角色定位问题。也许没有了救亡问题，教育的指向有所宽泛的缘故，大家花很多时间纠缠一些技术问题、细节问题，而教育的本质问题，尤其是教育哲学问题，却被束之高阁，于是就自然出现角色定位的疑惑。很多教育者并没有意识到自己在从事与心灵密切相关的工作，认为只是在做一种工作而已，与机器或商品打交道没有什么大区别，自己的思维也因此变得程式化，可称之为教育工作的迷路者。追寻近代教育大师的足迹，不由你不思考这个问题，不由你不对教育工作有个重新定位。或许，在这个追寻过程中，你会找到作为教育者的幸福冲动。

到了开发这片黄金地段的时候了。也许马建强先生的《追寻近代教育大师》将成为这一工程"破土动工"的标志,其深入浅出的叙事、其提纲挈领的把握、其激情灵动的阐述,都能展示出马建强先生的治学功力和对中国教育的一往情深。读着这些文字,不觉已感到大师们的智慧和情怀所带来的震撼;追寻着大师们的足迹,不知不觉间自己对教育的责任也清晰起来——这是我的国家,这是我的事情。

我们是否抛弃了陶行知?

中国关于陶行知研究的各类协会好像已有数十家。这似乎证明我们对陶行知有多么尊重和重视——有那么多人都在研究他,陶公地下有知,当有所感动。

不幸的是,据笔者调查,大面积的中小学教师只知陶公其人,未知陶公其说,更别说把陶公的教育思想付诸教育实践,继而有所发展了。一个没有读过陶行知的人,怎么可以在中国做教育呢?

陶公作为一名留过洋的教育家,在深刻了解中国的文化和社会现实的基础上,所提出的教育学说,既强调了教育的现实功能,又关注了教育的终极目的,是适合中国国情的。他的理论和实践,应该成为中国教育血液的重要成分。

但不幸的是,陶行知正在中国人的记忆中远去或走样。他正在被过分的学术化所矫饰,正被圈定在研究所和某些学会的电脑或纸上,为研究者发表论文、出版专著而服务着;而外面的教育行为正在变本加厉地背叛他。

"千教万教教人求真,千学万学学做真人",现在听来,恍若隔世。如果孩子们进入学校就像进入了舞台,把自己装扮起来,做一个老师喜欢的好孩子;如果他们表演着,如鹦鹉般说着台词;如果他们的作文,也在矫揉造作地抒发着不知谁心中的感情;真?多么遥远的字眼啊。

陶公说,"先生的责任不在教,……而在教学生学","教的法子必须根据于学的法子"。这便是"教学合一",这些观点似乎也是现在新课程改革所大力提倡的。但推行起来非常艰难,为什么?因为教学生学远难于简单地灌输,需费大力气学习、思考,费数倍的精力去备课。因为没有固定的模式,所以课堂上什么问题都可能发生:太费劲了。可笑的是,一些优秀教师的公开课几乎是表演课,让一些"差学生"留下,因为他们"不配合"老师的表演。陶公地下有知,当为之泣血。

他极力反对的"杀人的会考",似乎已发展到登峰造极、历史空前、世界第一。过分的考试"把有意义的人生赶跑了""把中华民族的前途赶跑了"。"这把会考的大刀是不可糊里糊涂地乱舞了。"但，曾几何时考试却成了学校的主题和灵魂。

陶公高举"教育即生活"的大旗，主张远离生活的教育是伪教育，脱离实践经验的知识是伪知识。但现实中我们的教育教学脱离生活已越来越远，孩子们哪管世间有五谷，更莫管什么"知行合一"之类的过时聒噪。因为一旦"行动"，恐怕"成绩"就要下来，就要挨众人的批评。

陶公的文章可与白居易的诗相媲美，稍有识字，即可畅读无碍。即使目不识丁，听了也可理解。他难道不会写"高深"的文章吗？他学贯中西，如此为文，就是为了让人读懂，为了贴近教育生活实际，方便指导人去做事。现在有些"专家型""研究型"教师，写文章就怕人读懂，真不知比陶公"高深"几何啊。

陶行知应该成为我们教育的基石和传家宝。当然也不要虚伪地给陶公立像供起来，而大规模的教育行为却偏偏与陶公无关——这岂不是对陶公的耍笑？

董必武有诗曰："敬爱陶夫子，当今一圣人。"陶行知是中国近代教育的圣人，我们当踏着他为我们修筑的阶梯继续攀登，而不是消闲地站在山下袖手观山，望山而拜。作为一名教师，如果不读陶行知，不去积极实践陶行知的教育思想，那几乎还没有触及中国教育的实质，如盲人摸象，又如沙地建楼。

其实，我们过于功利地学习陶公的教学法，并不是"善之善者也"。他的"捧着一颗心来，不带半根草去"，他的"为一大事来，做一大事去"，才是陶公精神的本源。没有这些精神，所有的教学法都是苍白的。

想起了方明老先生

那是 20 年前的一个上午,我在中国教育报大楼的 908 房间审稿,有一位老者来找我。我出于对长辈的尊重,赶忙站起来让座。老者坚定地说:"我喜欢站着说话。"

"你是张圣华同志吧?"

"我是。"

"我是陶研会的方明。"

天哪!他就是传说中的中国陶行知研究会的会长方明老先生,听说都九秩高龄了,似乎不像啊。

"我昨天刚刚在会上朗读了你的文章《我们是否抛弃了陶行知?》。大家很认可这篇文章,也说出了我的心里话。"

老先生站在我的工位前滔滔说起来。

很显然,老先生有些焦虑。他谈到一些违背教育规律的现象,无视陶行知几十年前的告诫;他谈到,现在很多教育工作者竟然不知道陶行知其人,即使知道了,也但闻其名,不识其道。"让考试主导教育是错误的!"他摇着头说。他谈到,到各地考察,不少教育界的领导对陶行知没有研究,更谈不上推广宣传陶行知了。

我也给老先生汇报我们做的调查,当时市面上存在的少得可怜的陶行知著作,只有两千套《陶行知全集》和内部消化的《陶行知教育文集》。老先生当即问我:"圣华同志,你能不能编一本适合中小学老师读的陶行知读本?我支持你!"我汇报说,我们《中国教育报·读书周刊》正在举办"重读陶行知"活动。老先生击掌喊好。突然他低头看了一下手表:"啊!快十二点了。我走了。"说罢,扭头便走。转眼就说了近两个小时。

我赶忙追出,企图留他吃饭,一阵小跑竟未追到他前面。他一溜风到了电梯口,回头说:"任务就交给你了,你年轻,要多为宣传传播陶行知的思想做贡献。"

我郑重地点点头。

方老先生那年89周岁了。我对他的步伐之敏捷大感惊讶,后来才知道,他老人家每天早睡早起,五点多就去玉渊潭公园快步走,常年不辍。

方老是陶行知先生的学生,求学期间曾经接受过陶行知的资助。

我深感责任重大，想给老师们编一本陶行知读本，只靠目前各种选本是不靠谱的。我立刻找来《陶行知全集》，重重一大箱子，开始阅读。经过三个月的反复斟酌，终于选定篇目，送方老审核。方老阅后大为肯定："就这么定！"我说："我人微言轻，还请您挂名主编。"老先生也同意了。这就是在全国掀起研读陶行知热潮的《陶行知教育名篇》产生的过程。

本书一面世，反复加印，很受广大教育工作者尤其是老师们的热烈欢迎，很多学校人手一册。当加印到十万册的时候，网上讨论陶行知的文章明显多了。我的那篇文章《我们是否抛弃了陶行知？》也因此流传更广，引起老师们的共鸣——做老师，就要研读陶行知。

此后有一天，李希贵老师请我喝茶。我们在清华大学附近的茶馆里讨论陶行知，李老师说，这本《陶行知教育名篇》编得好，如果没有它，陶先生的思想无法传递给普通教师。为了流传更广，建议编一本更薄的，篇目少一点的，适合老师装在包里，带来带去方便。我非常赞成，连夜删减篇目，编成了《陶行知名篇精选》（教师版），出版后也很受欢迎。

这样，前后两个版本，带动了全国的陶行知热，一些出版社也跟进出版了一批陶行知读本。现在，研读陶行知的热潮方兴未艾，陶行知的"捧着一颗心来，不带半根草去"的精神已在神州大地教师群体中扎根生长。

陶行知的教育思想非常契合现在的教育改革，他怀着对祖国的无限热爱，苦心培育中国现代教育精神，对教育规律孜孜以求，弯下身来亲近大地、改造现实，为中国留下了光芒万丈的教育财富。在中国做一位教育工作者，不读陶行知，确实是有问题的。

陶行知的思想广布于神州，方老先生地下有知，当含笑九泉。

仰望与断想：在大师背影之外的地方

在种种新鲜的教育理论和实践面前，广大教师的热情是空前的，遗憾的是，许多教师的热情并没有得到很好的回报。在这些形形色色的理论面前，茫然中，反而变得异常困惑、疲惫，变得手足无措：有了好胃口，却没有健壮起来！

这是致命的问题，为什么我们没有培养起来足够的"消化能力"？

看来，"消化不良"的病变已悄然进入。中医的观念认为，如果一个人生病了，且十分虚弱，万万不能突然间大补。这是过犹不及的做法。要治病首先要扶本，恰当的方法是循序渐进地帮助病人恢复自身的身体机能。要引领教师从根本上找到自己的立足之处和归属地。换句话说，中国的教育要有中国的教育之根，中国的教师要有自己的灵魂。

我们的教育有自己的传统，这种传统甚至在上千年前就已达到了巅峰。比如孔子所代表的传统。在卡尔·雅斯贝斯的视野里，孔子、老子所处的那个时代是世界的"轴心时代"，"人类一直靠轴心时代所产生的思考和创造的一切而生存，每一次新的飞跃都回顾这一时期，并被它重燃火焰，自那以后，情况就是这样，轴心期潜力的苏醒和对轴心期潜力的回归，或者说复兴，总是提供了精神的动力"（雅斯贝斯：《历史的起源与目标》）。当然，要回到传统并非易事，毕竟我们从传统中断裂开来不是一天两天的事情了。

透过历史篝火的余烬，我们的视野豁然开朗。在一个不平静的时代，赫然屹立着一群心如止水、淡泊明志的人：蔡元培、鲁迅、胡适、陶行知、叶圣陶、夏丏尊、朱自清等等。他们在沉思，在酝酿，在燃烧，在传递……在传统与现代之间，教育的传统得到了传承，建构起了一个时代教育的高峰。

时至今日，尽管这些大师们只是剩下隐隐约约的背影，但仍然是我们追赶的方向。这么多年来，在和他们一次次的相遇中，我们更清晰地看到了中国教育突破其瓶颈的力量所在。在对大师的阅读中，遇到了无数给人启迪和激情的好文章。它们所代表的高度令人惊讶，这是一种与外来的复杂"理论"完全不同的深度，它们根植于我们民族的传统之中，闪耀着一个民族的教育智慧和秘密。大师是一堵墙，也是一扇窗，代表着一个时期教育和教学的制高点。"高山仰止，景行行止。"在永恒的历史长河中，他们永远是我们景仰的高度，更是汲取"营养"的不竭甘泉。无数当代名师成功的经验，也无一例外地告诉我们，阅读大师是许多名师成为一个有充分自信的教育者的秘密"通道"。正是依靠着大师们的"哺育"，他们才获得了自由言说的自信，看到了教育的真相：在知识传递、升学和效率之外，教育是事关灵魂的事业。教育不是灵光乍现的光芒，而是横跨天空的恒光。只要有教育的存在，也就有阅读大师的同行。教育越深入，越使我们认识到展开与大师对话、交流的必要。对于大师，除了背影，我们更应该看到那些穿越时空的"气息"，这些也许正是我们孜孜以求的东西。"大师背影书系"的价值也在于此。我相信，无论你是教育研究者还是一线教师，只要你是个关心教育的人，与这些大师结缘，都可能是一次难得的精神之旅。借此，得以重燃的是我们对教育的激情！

引进谨防水土不服

由于教育改革的需要，我们要引进外面优秀的教育图书。如今汹涌的引进大潮中，引进教育图书的声音越来越强劲。这无疑会有助于我们的教育改革走向快速车道。但事情不这么简单。在一片叫好声中，我们似乎还应保持一点警惕。毕竟育人的事，不能从头再来。

教育有着明显的特殊性，教育的背景作用、文化性以及传承性比其他行业更强。任何教育理论、教学思想和方法的产生与应用，都有具体的环境要求、文化要求和社会发展的背景条件，这其实是一个教育本土化的问题。如果一味引进，不顾自己的具体实际，照搬照套国外的教育理论、教学思想、教学方法，甚至照搬照用人家的教材，难免水土不服。引进之初，先警惕一下"土壤"成分、性质，不要不管什么土就乱撒种子。教育是不能无土栽培的。这算一种提醒。

我们有一种优势容易被忽视。作为后发展国家，似乎什么都落后，没有优势可言。其实，只要发展势头强劲，后发展本身就是一种优势。

任何教育理论或思想都不是十全十美。一种教育理论、教育思想的正确性，一般要经过一代人的检验。这种成本太高了。如果有哪一个国家或地区先试验一下，总结一下经验教训，该有多好啊。我国作为后发展国家就有这种优势：有机会吸取发达国家或地区的经验教训。主动避免发展过程中曾出现的问题再度发生，是我们最起码要考虑的问题，也是引进教育图书起码应该考虑的问题。这是对引进教育类图书的更深层次的提醒。

引进优秀的教材、教辅和课外书，其耀眼的优势、对我们教育界的冲击，容易让我们感到如获至宝、喜而忘忧。引进的大潮是不可阻挡的，引进之势将会越来越猛。作为教育图书的引进，尤其是教材的引进，多一点忧思没有坏处。如果多少年后，我们又出现了发达国家或地区的教育今天已经出现的问题，这说明我们总是跟在别人的屁股后面，这将太让人感到悲哀了。分析这些对我们现在来说是"先进""优秀"的东西的缺点，并不是件易事。因为饥了容易不择食，改革的心情太迫切了。中国人实在想在教育上出一点成果，改变一下现状；再加上这类图书在出版市场上利润的诱惑，急功近利的嚣张大浪会轻而易举荡涤掉这点很微弱的理性。这不仅仅是中国出版界要面对的问题，也是中国教育界要面对的问题。

还是那句话，别总跟在别人屁股后面。

教育创新先要有新理念
——专访顾明远教授

访谈时间：2003年2月22日

教育创新一直是个热词，世界各国的竞争归根结底是人才竞争、教育竞争。正值《国际教育新理念》一书出版之际，就教育创新的路径问题，笔者采访了我国著名教育学家、北京师范大学资深教授、时任中国教育学会会长顾明远先生。

张圣华：在新的时代，人类社会的各个方面必将发生巨大变革，引起人们诸多观念的变化。请问顾老师，人们对教育理念，特别是教师对教育的理念将面临哪些重要挑战？

顾明远：知识经济也罢，信息时代也罢，作为一种全新的经济形态，它与工业经济具有本质差异。而我们现有的教育，从体系到内容，从人才培养目标到教学方法，都是为工业经济服务的。知识经济和信息时代的到来，必然会对现行教育产生猛烈冲击，提出严峻挑战。大家知道，知识经济的核心是创新。要创新就得依赖创新型人才去实现，这就要求教育进行彻底变革，大力培养创新型人才，要将重点放在培养学生的能力上，努力培养学生的创新意识和创新能力。知识经济时代，学习将贯穿于人的一生之始终，可谓"活到老学到老"。学习不再仅是学生的专利，教育也不再仅是教师的特权。一个真正的终身教育、终身学习的时代也伴随知识经济时代同时降临。教育必须正视现实，适应新时代的要求，使其形式灵活多样，促进社会学习化、学习社会化。在知识经济时代，知识的更新期将越来越短，新知识高速涌现，信息量成倍增加，社会需要的知识和学校的教学内容都要不断更新。传统的教学形式、教学内容、教学方法等将受到挑战。面对知识经济的挑战，教育的各个领域必须进行全面的创新，包括教育思想、教育观念、教育制度的创新，教学内容、方法、方式的创新，以及整个教育体系的创新。但具体到每个中小学教师而言，最重要的是教育思想、教育理念的创新，教师必须树立正确的教育观念，了解先进的教育理念。只有如此，才能用先进的教育教学理念指导实践。有了理念的更新，才能创造新的教育方法，适应学习时代的要求。

张圣华：《国际教育新理念》一书可以帮助读者了解国际上流行的教育理念，指导教育教学实践。本书是否与广大教师有足够的契合度？老师们应怎样使用？

顾明远：问题是理念的出发点和归宿。《国际教育新理念》一书力图以广大中小学教师工作中经常遇到的问题作为出发点，用较通俗的语言对国际教育新理念进行了较全面的阐述，为广大中小学教师提供一本具有全面性、启示性、解惑性和可操作性的学习用书。广大中小学教师阅读本书时，应该站在社会发展的高度，宏观把握教育理念演变的轨迹，了解其产生的时代背景。本书是以现有国际教育教学理念为线索的，希望广大教师通过阅读能够较好地解决以下疑惑：第一，"信息时代已经到来""知识经济初露端倪"已经成为我们的常用话语。理性地看，语言是理念的客观性描述。但是，我们在运用这些话语时，除了感性地表达心理上的紧迫感和对未来的憧憬外，广大教师是否从传统到现代的历史延续过程中，从国外到国内的引进吸收过程中，领会了当代教育与传统教育到底有什么不同？第二，广大教师早就放弃了注入式教学法，而接受了启发式教学法，特别是近几年来，许多引进和自创的教学方法层出不穷，这对于促进教育教学改革和素质教育的实践起到了很好的作用。但是，面对这些眼花缭乱的程式化教学方法，到底哪一种更适合本地的实际？第三，一定的理念影响着一定的行为，教育也不例外。方法是重要的，因为方法是理念和行为的中介。但是，仅有方法是不够的，只有深刻领会当代教育理念的内涵才能从根本上解决问题。我们现在有了大量的教学方法，现在所用的教学方法是以什么教育理念为基础的？第四，所有教育教学方法的诞生都是与一定的文化背景和哲学思潮相联系的。西方教育教学方法的涌入，为我们提供了大量可资借鉴的资源。但是，我们在借鉴这些教育教学方法的时候，如何使之"本土化"？也就是如何解决这些教育教学方法切合我国的国情和实际的问题？第五，传统的教育是"遗传"式的，即传承人类文化，是以传授知识为基础的。现在的教育功能正在发生着深刻的变化，提高学生的素质，培养学生的创新能力逐渐成为教育的主题。教师们对教育教学改革也抱有极大的热情。但是，实施素质教育和创新教育需要落到实处，仅有热情是不够的。

在这样的背景下,对教师怎样教和学生怎样学,以及教师教什么和学生学什么感到的困惑如何解决?

张圣华:在新的科学技术革命的影响和推动下,为了适应世界范围的经济竞争和综合国力竞争的需要,我国正在对中小学课程与教材进行改革,请问顾老师,中小学教师了解国际教育新理念对于中小学新教材、新课程的实施有哪些帮助?

顾明远:中小学课程教材改革的发展趋势可以概括为现代化、基础化、个别化和综合化。通过改革,新课程教材将具有以下特征:(1)现代化。内容编制上依据儿童心理学和发展心理学统整课程内容,要主动适应社会需求,根据现代科学及学科发展的新变化,组合、选择和增加新内容;教学手段要吸纳、采用新技术。(2)基础性。从保证和满足每个学生生存和发展的需要、适应未来社会发展的需要出发,为学生提供最基础的人类文化基础知识的学习,使之掌握最基本的学习方法。(3)开放性。强调学习与学生生活、社会发展的联系;课程实施过程中要体现民主性和尊重个性发展的原则;提倡教学活动的多样性,教学时间和空间的开放性,学习方式的自主选择,评价标准的差异性。(4)综合化。

按照现代社会与科学的发展,重新审视基础教育的课程,对学科设置及内容进行选择与组合,重视课程的综合化,设计体现课程的整体性。此外,课程内容应具有多样性和弹性,提倡科学性与人文性的统一,民族性与国际性的统一。从新课程教材改革的趋势和具有的特点看,新课程、新教材的改革是与先进的教育教学理念一致的。如果教师缺乏对先进教育教学理念的理解,将直接影响到新课程教材实施的效果。因为缺乏先进教育教学理念指导的教师,就不会理解课程教材改革的精神,难以达到预期的效果;而掌握了先进教育教学理念的教师会主动地进行改革,大胆地进行探索,会使改革取得事半功倍的效果。

张圣华:《国际教育新理念》一书,将教育理念分三个层次,即宏观教育理念、一般教育理念和教与学的理念。请问书中介绍的三个层次教育理念对当前教育教学改革的适用性怎么样?

顾明远:书中介绍的教育理念都起源于国外,为了便于广大教师掌握,我们把它分为三个层次。宏观教育理念部分从理论上较详细地论述了当今教育领域的两大宏观理念:终身教育和学习化社会,它是其他层次教育理念的基础，对其他教育理念居于支配地位；一般教育理念部分对环境教育、生态教育、合作教育、全民教育、建构主义教育等教育理念进行了介绍，较好地体现了当今时代的特点，我认为这些教育理念对于我国教育教学改革具有借鉴意义；有关教与学的理念是更为具体、更具可操作性的教育理念，对指导广大中小学教师开展日常教育教学活动、进行教育教学改革，具有直接的指导意义。这是一个从抽象到具体的过程，使教师既从宏观上了解新的教育理念，又能在实际工作中实施这些新的理念。

附录

让九亿农民捧起书本

让九亿农民读书有无可能

如何让九亿农民捧起书本,也做"读书人"?这是个难而又难的历史性命题。

我们先抛开解决这一命题所面临的实际困难,只是做一种乐观的臆想:我国12亿人口中的九亿农民,真的也做了"读书人",中国该是一个多么辉煌灿烂的国度;更进一步说,"中国"这一概念,将被世界另作解释和理解。毛泽东曾言:"严重的问题是教育农民。"(《论人民民主专政》)他清醒地认识到,提高农民的素质,是一个久远的、艰巨的任务。伟人此语,恍惚数十载矣。

其实,九亿农民真的成了"读书人",所谓的农民问题的解决,也就简单多了。一个有知识、有思想、有现代思维的九亿人的群体，其蕴藏的力量是深不可测的。

对此，我们可以有一个最功利的设想：九亿农民捧起了书本，把书当"饭"吃的那天，我国将有世界上最庞大的图书市场，它可以庞大到令出版业疯狂的地步。

让我们再回到当初的问题上去。首先，农民读书有无可能？

目前，其实有一些农民也偶尔读一些书。除了一些农用科技类图书外，大多是在偶然的机会，凭一时的兴趣，读一点儿撞上的书，主要是顺手从别人处借的消遣书。很显然，这是种不成习惯、不成规模、效益也无足轻重的读书，人数也极少。大多数农民的意识中，读书只是"读书人"的事，与咱这庄稼把式没有关系；甚至以为，种田人捧本书是不务正业，也不伦不类。再加上挣点钱不容易，哪能"胡花"去买书呢？

再看一下农民兄弟们有无能力读书、购书。笔者从教育部有关部门了解到，我国绝大多数地区已基本扫除了青壮年文盲，只有在老、少、边、穷地区还存在比较严重的文盲问题。到2000年，我国基本扫除青壮年文盲。应该说，我国的绝大多数农民是有能力进行一般性阅读的。事实上，把一本故事性、趣味性很强的书，送给某位农民的话，他极有可能会在很短的时间内读完。

看来，让九亿农民毅然捧起书本的关键是培养、引导。这是一个世纪性的话题，具体说是一次农民意识的革命，这又是时代给予的一项历史性任务：必须由我们自己去做，这是迟早的事。

那么，在这一角度上，就让我们把九亿农民作为一片广漠的、未被开垦的荒野，去做艰难的开发吧。

一套书提供的经验

农民会对什么书感兴趣？

有人讥笑农民的"哲学"是"实惠哲学""好处哲学"。客观地说，在艰苦生存条件下并不太富裕的农民兄弟，如果奉行别的什么"不务正业""吃饱了撑的"之类的哲学的话，会连基本的生活也没保证。如果说农民朋友有可能读书的话，只能选择能为他们直接带来实惠的书。这种书或是可以让他们挣钱，或是可以让他们省钱。在这一条件下，有一套书确实已经引起了全国农民的关注。该书便是由湖南科学技术出版社出版的《九亿农民健康教育读本》。

这套书的策划、编写、发行以及社会效益的最终实现等环节，为我们解决"让九亿农民捧起书本"这一命题，提供了空前丰富的资料和经验。

《九亿农民健康教育读本》共分"生活·环境·劳动""婚姻·优生·优育""识病·防病·治病"三个分册，获中共中央宣传部"五个一工程"奖。这套书受到了有关领导、专家的高度称赞。时任全国政协副主席何鲁丽、国务委员彭珮云、卫生部部长陈敏章、新闻出版署副署长桂晓风等纷纷撰文评介此书，袁隆平、刘筠、姚开泰等院士，以及一批医学、出版方面的专家，都分外关注该书。

获奖、领导及专家的好评，对一套书来说是很难得的，但这并不是湖南科技出版社的最终目的，也不是策划此书的初衷。该书的责编黄一九先生说，让广大农民真正读了这部书，并以此使农民的生活上一个历史性的档次，尤其是从此意识到读书的重要、养成读书习惯的重要，从而与书结缘，这是编辑出版《九亿农民健康教育读本》的最终目标。

目前，就该书5万套的发行量以及许多地区的农民读了该书后的效果看，责任编辑的理想应该说得到了初步实现。反思本书由选题策划，到编写、发行，到组织读书等环节，假若任何一个环节做得不到位，该书最终目标的实现便无可能。

（一）到田间地头，找到农民的感觉

《九亿农民健康教育读本》之所以能被农民热爱（即感兴趣、掏钱买、认真读、照书上所言去做），首先因为此书在选题策划和编写时，所依据的完全是农民的需要。当时湖南省新闻出版局对此书的编写要求"要站在农民的角度，回答农民的健康问题"。专家型编辑黄一九先生，其实就曾经做了数年的赤脚医生。作为本书的最初策划和责编，他数度下乡入村，在田间地头与农民生活在一起，切切实实找到了"农民的感觉"。

有数家报纸称此书是"试验田里种出的"，是"从田间走出来"的好书。这说出了该书的一大实质。当书稿有了一点眉目的时候，湖南科技出版社与湖南省健康教育所联手，确实做了一个试验——让农民做该书的评论员，让农民决定书稿内容的添、减、取、舍。果然收获喜人。不少农民谈到，对"牛、羊、猪可以传播哪些疾病""刮痧到底能不能治病""雨后下地为什么会脚痒""新生儿不打包就会得罗圈腿"等90多个与农村的生产、生活相关的健康问题更感兴趣，而对一些深奥的医理问题则显得漠然。湖南中医学院毕业的黄一九感慨万端，一同去做"试验"的医学专家们感慨万端：原以为医学界的专家、教授给农民写点健康教育之类的书是举手之劳,现在看来比编医学教科书和写医学论文还要难。不能深入农民心中,人家农民不买账呀。

草稿出来后,黄一九和有关人员又做起了白居易——把书稿读给农民听。以农民听得懂、听出兴趣和味道为标准,反复修改书稿。农民们说,我们就等着书出来后,先读为快了!

这就是为中国农民写书的最有效的方式——不是闭门造车,不是由书本到书本,不是由理论到理论,而是师从田间地头的农夫,感受农民的生活,捕捉农民的需要,与农民站在一条感情线上。脚底板上没有泥的人是不能为农民写书的,不然写出来也是废纸。

当今,中国的出版界有个著名的韬奋奖,其宗旨在于"倡导和鼓励出版工作与人民群众紧密相连的优良作风"。《九亿农民健康教育读本》的编写,正是这种优良作风的写照,是韬奋精神的一次实践。

经过整整两年的调研,《九亿农民健康教育读本》正式出版了。该书最终实现了从农民实际出发,结合农民的切实需要和利益,引导农民树立文明、健康的生活习惯,纠正各种不文明、不卫生的风俗和生活习惯的编写目标,被出版界评论为"在我国医药卫生读物的出版史上，出版这样大型的农村读物，尚属首创"。此书还有力地配合了"九亿农民健康教育行动"。

(二)如何引起农民的兴趣

好书出版了，而且获了奖。但这只是长征的第一步，离"让农民捧起书本"还很遥远。如何让该书进入农户，并使农民真正读进去，这是湖南科技出版社所做的又一次试验。

再好的书，农民要是不理睬，也是白搭。长期的"与书无关"的意识，使书本不在农民的兴趣范围之内。这是一个必须从零开始培养、引导的图书市场。湖南科技出版社成功地搭上了"九亿农民健康教育行动"这一巨型列车。"九亿农民健康教育行动"自1994年在全国开展以来，深得民心。当然其任务是长期的、艰巨的。在这一活动的开展过程当中，主要依靠的是音像资料，而缺少文字资料。这在广大的农村地区，尤其是边远地区、山区，受到很大的限制。《九亿农民健康教育读本》则正好弥补了这一缺陷，而且内容更贴近农民，更具有引导性。农民可以随时打开书查阅关心的问题，就像身边随时有一位家庭医生。这使该书有可能成为农民居家过日子的必需品。更重要的是，在许多农村地区，因为农民保健意识、生产安全意识以及卫生条件较差等原因，因病返贫的现象较严重。此书可谓对症下药，正解燃眉之急。

湖南科技出版社向全国九亿农民健康教育行动领导小组捐赠了1万套《九亿农民健康教育读本》。这些书通过各级农民健康教育行动办公室送到了农民手中。在一些农村地区，这套书的影响渐渐延展开来。

同时，湖南省各界也逐渐认识到这套书对于农村的两个文明建设、对于建设社会主义新农村、对于提高广大农民朋友的生活档次，有非常现实的积极意义。中共湖南省委宣传部、湖南省新闻出版局、湖南省卫生厅、湖南省农业厅、湖南日报社、湖南省广播电视厅联合发出《关于开展〈九亿农民健康教育读本〉读书活动的通知》。《通知》要求，要让农民"读到此书、读好此书、用好此书，使该书充分发挥提高农民健康意识、劳动保护观念和农村环境卫生水平的作用"。该活动将设立关于该书的知识问答，最后评出优秀，并予以奖励。

湖南省的农村基层组织迅速动了起来。大家的思想都统一到"让农民读好此书是推广精神文明建设的成果，使'五个一工程'的评奖活动进一步落到实处"上来。他们认为此书能在提高农民、劳动保护观念和农村环境卫生方面发挥重要作用从而促进农村经济发展。常宁市各级领导首先带头阅读此书；常德市卫生系统积极参与"读书活动"，全市卫生保健人员和乡村医生争购此书。他们还设立"读书活动"试点，使该活动声势迅速扩大。短短几个月内，《九亿农民健康教育读本》成为湖南农村家喻户晓的一套书。许多农民终于下决心掏钱买下这套书。

在此，长沙县的经验值得特别提提。他们把该读书活动与农村普及科学和教育联系在一起，与提高广大农村人口的素质联系在一起，把它当作"科教兴农"的突破口。他们把读书活动的开展与解决当前农村生产、生活诸方面当务之急的问题结合起来。尤其是，长沙县的有关领导能够认识到这次读书活动是培养农民养成读书习惯的良机。而读书将赋予农民谋求长远发展的本领，从而在根本上改变农民的素质。这些想法为农村的基层组织所普遍接受。长沙县政府要求农村基层干部及有关人员，率先读好、用好此书，然后带动广大农民群众积极参加读书活动。用书中的道理为群众做好事，为群众排忧解难。要求乡村医生在为群众看病时，告诉他们小病小痛可以到《读本》中去寻求治疗办法，可以少花钱甚至不花钱。他们还发动学校在课余举办家长学校，为农民讲解此书的内容。长沙县的卫生部门,利用各乡镇群众赶集的机会,设立咨询站、讲解台,解答读书时遇到的疑难问题。湖南科技出版社专门派人到已买到此书的村中进行阅读辅导,并建立长期联系,深受农民欢迎。

一部分城镇工作人员和经济条件较好的农民踊跃购买此书,还以此为礼品,而且需求量正在增长。

长沙县的经验得到了很好的推广。全省已把5万套书发行到农民手中。像桃源县三阳镇的丛桂山村,390户人家拥有该书380套,几乎户户有一套。随着该村读书活动的开展,村民的家庭卫生、个人卫生观念大大加强,牙刷、毛巾做到了每人一套,改水改厕也基本到位。可以说该村的生活,由此上了一个档次。

《九亿农民健康教育读本》带来了什么?

书的订数还在不断上涨,就湖南一省来说,这确实是件可喜之事,说明有相当数量的农民终于对这部书有了兴趣。长沙县安沙镇的一位农民,把书买回去后,两三个晚上啥也不干,就看这套书,可谓如饥似渴;广生村的一位近50岁的妇女,看了这套书后,主动向村民宣讲,如用嘴直接喂孩子不卫生,应该怎样喂奶,如何照顾婴儿，等等。邻里之间有小孩生病的，也都主动来向她咨询。她遗憾地说，这书要是早些年读到该多好。该村一位叫周钢的年轻人说，他发现爱人看别的闲书，就以为是不务正业，看这套书，他心里高兴。湘西泸溪县秤砣山的老村长说："这套书真可以顶一家医院。"邵阳县一位叫吕安平的农民给出版社写信说："这套好书对我们农民来说，胜过万两黄金。"当笔者顺便采访一位湘西农民是否知道这套书的时候，那位农民脱口而出："知道！这书有用，好懂，便宜。"这说明这书确实写到了农民心中。

《九亿农民健康教育读本》5万套发行到农民手中，这会给我们带来什么呢？

当记者在广生村采访时，出乎意料地听到一位近50岁的女村民提到"现代新型农民"的说法，便请她解释这一说法是什么意思。她说，有科学头脑，有实干精神，有开拓精神，就是现代新型农民。

记者在秤砣山问一位老汉什么叫健康，老汉说，只是身体好还不算健康，还要心理健康。记者又问，什么是心理健康？他说，与人和睦相处，乐于助人，心情舒畅，少急少躁，就是心理健康。这些话从一位老农嘴中说出，是多么令人惊喜呀。

记者问村民们，这些知识和道理是怎么知道的？"从《九亿农民健康教育读本》上读到的。"这一回答，证明他们确实读了这套书。

书给人们带来的变化，是明显的。如果说一切变革源于意识的变化，而书则是作用于意识的最直接的媒介。我们可以以此为一个突破口，让九亿农民的意识和观念有一次历史性的变化，从而使整个国家发生翻天覆地的变化。从这个角度说，让九亿农民读好书，是利国利民的大事，也是国运昌隆的契机。

湖南省5万以上的农民读了此书，给他们带来生活上和卫生观念上的巨大变化，这固然很重要；如此众多的农民，迈出了历史性的第一步——第一次从图书市场上自己掏钱买了一套自己生活中需要的书，从而有可能意识到书原来对自己很有用，书离自己很近，看书是过日子必不可少的，掏钱买好书是值得的，这也同样重要。这意味着让九亿农民捧起书本并不是神话，而是可能成为现实的，只要本着为农民服务的精神，只要我们找对了路子，了解农民需要什么，只要做到农民心中。也许这意味着社会主义新农村文明的脚步已渐渐走近。还是那句话，当九亿农民把读书当作家常便饭的时候，中华民族的潜力是深不可测的，是无敌的。

解决中国农民的读书问题，还得由中国人自己做。用中国特色的编书、写书的方式写中国特色的内容，用中国特色的发行方式去发行。最最重要的是，作为出版者，一定要有一心一意为农民服务的精神。路还远得很，培养这样一个庞大的市场，我们还得慢慢摸索，还要大量地投入人力物力，要有耐心。湖南科技出版社《九亿农民健康教育读本》的具体操作过程，为我们解决这一问题做了开创性的工作，是功德无量的。

（原文刊于《中国教育报》1998年7月26日第5版，《新华文摘》1998年第10期全文转载。）

后记

2000年我带领团队创办了《中国教育报·读书周刊》，20多年来一直在关注读书的事。我们当初追求的目标就是培育中国的读书人口，为此我策划了一系列的活动，如《中国教育报》推动读书十大人物评选活动、推动教师阅读活动、推动经典诵读活动、重读陶行知活动、重读杜威活动等等。20多年过去了，一代又一代的"推动读书人物"深刻影响了学校和社会，为形成书香校园、书香社会作出了自己的贡献，也正好对接当今建设书香中国的热潮。

喜看各地的阅读推动浪潮，欣然于《读书周刊》长期以来所做的阅读推动努力。

建设书香中国的决策是伟大的、现实的，尤其对移动终端时代所衍生的问题是对症良方。

每一位有志于推动读书、有志于推动建设书香社会的同仁，都应庆幸这个历史时刻的到来，也应抓住机会精准施策、高效推动，及时发现这一过程当中的问题和亮点，该晒太阳就晒太阳，该洒点水就洒点水，不要放过用读书改造社会的机会。

本书所选的文章都是多年来我跟踪调研校园读书、思考阅读规律、发出读书倡议而陆续写成的，早期的不免稚嫩，近期的则企图贴近基本问题的思索，能更冷静地对待当今的阅读问题。

所谓倡导读书，有针对的群体，主要对青少年学生和一般公众而言，肯定不是对教授、博士们来说的，所以讨论读书的时候有潜在的针对对象。在这个前提下，一些文章才能讲得通。

读书是件精细的事、用心的事，所以推动读书也不能止于粗放倡导，也要抵达精微、直抵心灵。既需要理论支撑，又需要技术应对；既要风格丰富的个性化，又必须做一些技术性培训训练。尤其要注意防范一些拍脑袋的、低端的、粗制滥造的读书推动活动对培养读书兴趣的伤害，这会成为孩子们远离读书的原因。

推动读书永远在路上，作为一个有几千年文化传统的大国，永续读书的薪火，复兴伟大的文明，需要有志之士弘毅笃行。

张圣华
2024 年 5 月 1 日